シリーズ
知の図書館
2

図説 世界を変えた
50の宗教

Fast Track
Religion

◆著者略歴
ジェレミー・スタンルーム（Jeremy Stangroom）
イギリスの著名な哲学者、社会理論家、著述家。1997年にジュリアン・バジーニとともに「フィロソファーズ・マガジン」を創設し、そのウェブサイト（www.philosophyexperiments.com）も運営している。これは世界でもっとも広く読まれている哲学関連の定期刊行物のひとつである。著書は、『アインシュタインの脳パズル』『哲学者は何を考えているのか』など多数。ロンドン・スクール・オヴ・エコノミクスから政治社会学のPh.D.を取得し、「宗教の科学的検証委員会」のフェローに選ばれた。

◆訳者略歴
服部千佳子（はっとり・ちかこ）
同志社大学文学部卒。翻訳家。訳書に、『奇跡が起こる遊園地』（ダイヤモンド社）、『孤独の愉しみ方』『人間交際術』（イースト・プレス）、『ウィキッド』（ソフトバンククリエイティブ）、『毎日をいい気分で生きる小さなノート』（三笠書房）など。

Illustrations by: Eva Tatcheva

シリーズ知《ち》の図書館《としょかん》2
図説《ずせつ》世界《せかい》を変《か》えた50の宗教《しゅうきょう》

●

2014年4月25日　第1刷

著者………ジェレミー・スタンルーム
訳者………服部千佳子《はっとりちかこ》
装幀………川島進（スタジオ・ギブ）
本文組版………株式会社ディグ
発行者………成瀬雅人

発行所………株式会社原書房
〒160-0022　東京都新宿区新宿1-25-13
電話・代表 03(3354)0685
http://www.harashobo.co.jp
振替・00150-6-151594
ISBN978-4-562-04994-3

シリーズ
知の図書館
2

図説 世界を変えた 50の宗教

Fast Track Religion

ジェレミー・スタンルーム 服部千佳子 訳
Jeremy Stangroom *Chikako Hattori*

目次

序文

周知のとおり、宗教の定義はむずかしい。常識的見解――もちろん西洋の、ということだが――では、ひとつの神、または複数の神々に対する信仰と儀式を包括するものということになる。この定義は、世界の宗教信仰者の半数以上を占めるユダヤ教、キリスト教、イスラム教という偉大なアブラハムの宗教（この３つの宗教は、その起源を古代セム族の族長アブラハムにさかのぼるので、このようによばれる）にはうまくあてはまる。しかしながら、それ以外の宗教にはうまくあてはまらない。たとえば、日本と中国で盛んな仏教は、明確な神の概念をもたないが、それでも一般に宗教とみなされている。

そうなると、おそらく宗教の定義のより的確な候補は、フランスの社会学者エミール・デュルケーム（1858-1917）が定めた「神聖な事物に対する信仰と儀式の統合体系」になるだろう。この定義も、たとえばきわめて個人的な心情を宗教から排除しているように見える点など、完璧とはいえないが、神を主体とした宗教の標準的な定義よりは、はるかに本書の意図に近い。

この種の本で避けて通れない問題は、とりあげる人物の選択基準をどうするかということだ。だれをとりあげ、だれを除外するかについては、つねにいくらか恣意的判断が入るのはやむをえない。本書でとりあげた人物はすべて、何百万もの人々の信仰生活に、きわめて重要な貢献をした（たとえ知的な波及効果でしかなかったとしても）人々である。

最後に明確にしておきたいのは、宗教的真理の主張にかんするものだ。さまざまな宗教の主張の信ぴょう性にかんしては、本書は中立の立場をとる。そうした主張は、その特定の宗教の内に存在するものとして報告されているのであり、外部に向けて宗教的信条の信ぴょう性や論理的一貫性を認めさせようとするものではないからだ。本書はあくまでも、偉大な宗教者とその思想を紹介するにとどめる。

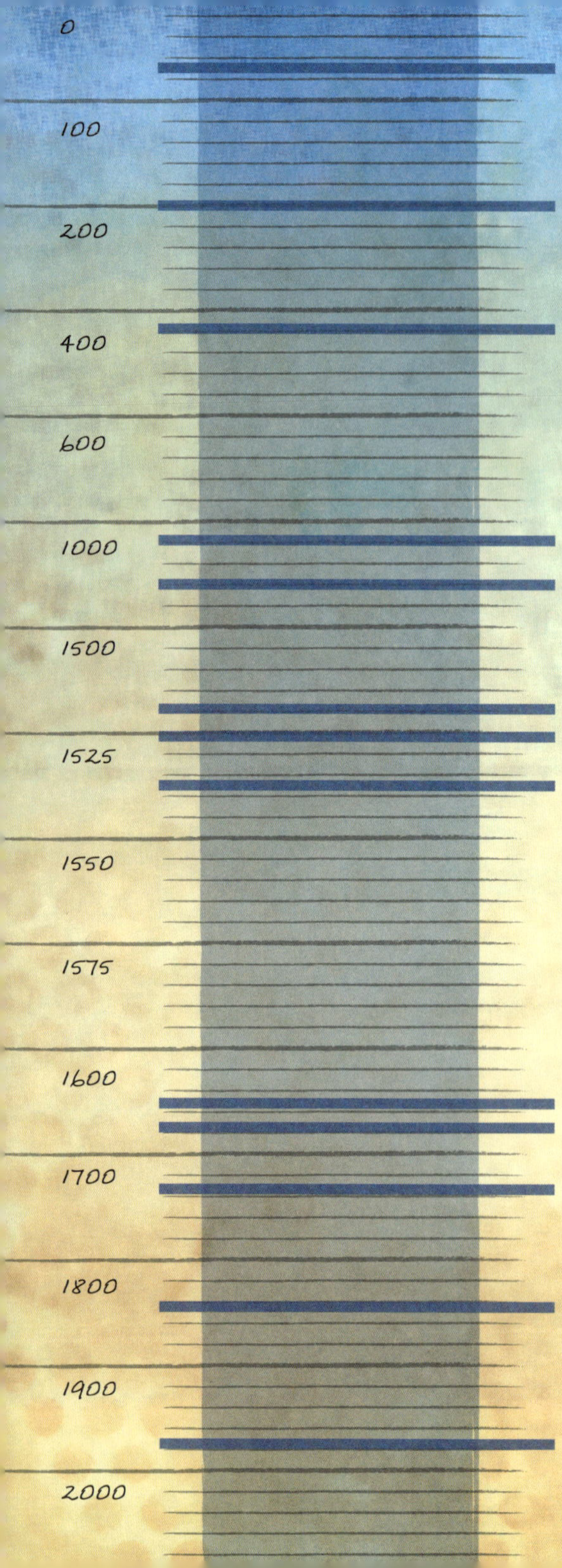

ナザレのイエス、磔刑（36年頃）

聖パウロ　新約聖書の書簡の7−14通（もっとも初期のもの）（50−56年）

テルトゥリアヌス　『護教論』（197年）

ヒッポの聖アウグスティヌス　『三位一体論』（400−415年）

ペラギウス　『意志の自由の防衛』（416年頃）

カンタベリーの聖アンセルムス　『真理論』（1080年頃）

聖トマス・アクィナス　『神学大全』（1265−1273年）

マルティン・ルター　『贖宥状の意義と効果に関する95カ条の論題』（1517年）

イグナチオ・デ・ロヨラ　『霊操』の執筆（1522−1524年）

ジャン・カルヴァン　『キリスト教綱要』（1536年）

ジョージ・フォックス、布教活動を開始（1647年）

ブレーズ・パスカル　『パンセ』（1669年）

ジョン・ウェスレー　『キリスト者の完全』の説教（1725年）

セーレン・キルケゴール『おそれと慄き』（1843年）

グスタボ・グティエレス『解放の神学』（1973年）

第1章
キリスト教

　現在では、世界で20億人以上の人がキリスト教徒を名のっており、キリスト教は世界最大の宗教となっている。そのため、本来キリスト教は、みずからを神の子と称する、ナザレのイエスというひとりの男性に触発されて誕生した、ユダヤ教の異端分派であることは忘れられがちだ。本セクションでとりあげる宗教的思想家たちは、キリスト教とその思想がどのように発生し、世界という舞台で地位を確立していったかを物語っている。

キリスト教の教派

キリスト教、そしてキリスト教会について語るとき、ひとつの団体のように扱うのが一般的だが、いうまでもなく、現実はまるで違う。キリスト教の特徴は、その意見の相違と分裂にあるといえる。

なかでももっともよく知られているのが、ローマカトリック教会とプロテスタントの分派だ。この歴史的ルーツは、マルティン・ルターによる宗教改革と95カ条の論題の出版（1517年）にさかのぼる。ルターは、罪の償いの免除を保証する贖宥状《しょくゆうじょう》の販売を行ったカトリック教会を、救済の本来の意味を見失い、救済は善行によって得られるという保証のない可能性を強調したと批判した。

贖宥状をめぐる論争は、ルターの思想とローマカトリックの正統的見解との不一致の、一局面にすぎなかった。その後プロテスタント主義は、北ヨーロッパの大部分に広がっていった。当初ルターは、自分の見解はたんにカトリック教会内における矯正手段にすぎないと考えていたが、まもなくルター派はローマカトリックから完全に脱退することになる。この分裂の影響は現代にまでおよんでいて、その顕著な例が北アイルランドの宗派間抗争だ。これは複雑な事象だが、その根はカトリックとプロテスタントの分裂にある。

すべての教派間の相違が、これほど劇的であるわけではない。神学的観点からすると、ある教派がキリスト教正統派の教義から大きくはずれていても、キリスト教の分派のひとつでありつづけることは可能だ。1872年にペンシルヴェニア州ピッツバーグで設立された、「エホバの証人」を例にあげてみよう。彼らは大部分のキリスト教徒とは異なった信条をもっている。それは、キリストは十字架の上でなく杭の上で死に、われわれは現在「終わりの日」に生きており、まもなくハルマゲドンの大戦争が起こって神がサタンを滅ぼし、その結果地上に千年王国が出現するが、キリストとともに王国を支配できるのは、選ばれた14万4000人だけというものだ。

信条においてどれほど異なっていても、同じ宗教の一部とみなさ

「わたしはキリストを、キリストだけを救済者と信じるにいたった。そして、キリストはわたしの罪をとりのぞき、わたしを罪と死の法から解放したという確信をあたえられた」

ジョン・ウェスレー、『日誌』

れるかの例として、エホバの証人とほかの教派、たとえばクエーカーを比べてみよう。エホバの証人がかなり特徴的な教義をもつのに比べて、クエーカーには正式な教義というものはほとんど存在しない。クエーカーの設立者ジョージ・フォックスは、神学者に対して強い疑念をもっており、教義ではなく、神と神聖な真実を直接体験する可能性に重きを置く。その結果、クエーカー教徒のあいだには信条にきわめて大きな差異があり、神をまったく信じないクエーカー教徒さえ存在しうるのだ。

キリスト教の教派と分派の全体像を見る人は、その状況の複雑さにあぜんとするだろう。数あるなかからいくつかあげると、再臨派、バプテスト派、東方正教会、ヨーロッパ自由教会（クエーカーもここに入る）、末日聖徒イエス・キリスト教会、ルーテル教会（ルター派）、ペンテコステ派、メソジスト派、カトリック、英国国教会など。では、これらのさまざまな教派を構成する21億の人々を、何をもってキリスト教徒とひとくくりに定義できるのか。おそらく、キリスト教を定義するのは、ただひとつの信条ではなく、むしろウィトゲンシュタインのいう「家族的類似」というべきものであり、キリスト教徒のあいだには、そうひとくくりによべるだけの共通の信条があるということなのだ。別の見方をすると、キリスト教信仰は、イエス・キリストを教義の中心に置き、その人生を模範とすることを重要視することで成り立っているともいえる。現存する教派のすべてではないにしろ、そのほとんどが、自分たちがキリストのメッセージだと信じる教えを世に広めようとしていることはまちがいない。

ナザレのイエス

キリスト教誕生の契機となる

Jesus of Nazareth

生年
前6-4年頃、ベツレヘム、イスラエル

没年
30年頃、エルサレム

イエス・キリストの生涯は、西洋諸国においては、だれのものよりよく知られている。イエスは神の子であり、処女から生まれ、人間を罪から救済するために生き、そして死んだというものだ。それに比べて、広く知られているとはいえないのが、彼の教え、すなわちみずから「人の子」と称して、人々に伝えようとしたメッセージの詳細である。

イエスの教えの中心にあるのは、まもなく神の国が地上に出現するので、そのための準備をしなければならないというメッセージだ。その核心は、悔い改めの嘆願にある。救済を得るためには神の求めにこたえる必要があるが、どうすればいいかはイエス自身の生き方に具体的に示されているというものだ。

イエスは、来るべき神の国の一員になることを願う者は、父なる神のもとへ帰るために、すべてをすてなければならないと説いた。彼は信徒に個人的忠誠は求めず、ただ自分の人生を手本にして生きることだけを求めた。神への純粋な信仰心と隣人に対する愛があれば、救済を受けられる。この信念があったからこそ、イエスは貧しい人々、もたざる人々、罪人、見すてられた人々に教えを説き、神の国においては、この世の秩序はくつがえると断言したのだ。

「財産のある者が神の国に入るのは、なんと難しいことか。金持ちが神の国に入るよりも、らくだが針の穴を通る方がまだ易しい」
（『ルカによる福音書』18章24-25節）［『新共同訳聖書』］

イエスは厳格な倫理基準を提唱した。神の御心に従って行動するだけでなく、敬虔な人格をつちかうことも必要だ。欲望と憎しみをすて、離婚、姦通、暴力は避けねばならない。

こうした一種の道徳的完璧主義は、イエスの終末論的な考え方と関連している。彼は、神の国はすぐそこまで来ていると信じていた。それゆえ、ユダヤ教徒にも非ユダヤ教徒にも、倫理的純潔を命じることが、あらゆる意味において急を要したのだ。

ナザレのイエスはしばしば、「よき知らせ（福音）」をもたらす人と表現される。これは彼が信徒に説いた内容と矛盾するかもしれない。だが、重要なのは、悔い改めの必要性を認識し、神を救済者と認めさえすれば、救済を得ることができるということだ。

救済は選ばれた少数の人にしかあたえられないと信じられていた時代において、人はみな等しく救済されるという**イエス**のメッセージは革命的であり、キリスト教の世界宗教としての発展を促進した。

聖パウロ
キリスト教発展の基礎を築く

St. Paul

生年
10年頃、タルスス、トルコ

没年
67年頃、ローマ、イタリア

タルススのパウロ、のちの聖パウロは、キリスト教誕生における中心人物のひとりである。彼はキリストの福音を広めるためにたゆまぬ努力を続け、また、キリスト教の教えは万人に適用されるべきだという彼の主張が、キリスト教が世界中に広まる契機となった。

聖パウロは生まれながらに熱心なキリスト教信者だったわけではない。敬虔なユダヤ教の一家に生まれたパウロは、ユダヤ名をサウルといい、前半生ではキリスト教徒を迫害し、ときには死にいたらしめることもあった。しかし、エルサレムからダマスコ（ダマスカス）へ向かう途上、「パウロの回心」として有名な体験をし、それによって彼の人生は180度転換した。

「突然、天からの光が彼のまわりを照らした。サウロは地に倒れ、『サウル、サウル、なぜ、わたしを迫害するのか』とよびかける声を聞いた。『主よ、あなたはどなたですか』と言うと、答えがあった。「わたしは、あなたが迫害しているイエスである。起きて町に入れ。そうすれば、あなたのなすべきことが知らされる』」

（『使徒言行録』 9章3–6節）［『新共同訳聖書』］

パウロにあたえられた使命は、ユダヤ人と非ユダヤ人に、等しく福音を伝えることだった。パウロは、イエス・キリストへの信仰と純粋な心さえあれば、神から義と認められると主張した。また、非ユダヤ人は、割礼をほどこされていようと、ユダヤ教の戒律に従っていようと関係なく、キリスト教団に正式なメンバーとして参加することを許されるべきだと説いた。このことはイスラエルの古い歴史との決定的な決別を画し、キリスト教が世界宗教として出現するための素地を作った。非ユダヤ人に対するパウロの働きかけがなかったなら、キリスト教はたんなるユダヤ教の分派で終わっていただろうと示唆する学者もいる。

人は信仰によって救済されると主張したパウロだったが、行動を問題にしなかったわけではない。実際のところ、かなり厳格な道徳律を信徒に課し、それを性道徳、離婚、同性愛に対するみずからの態度で実証してみせた。その余波は今日でも感じとることができる。

聖パウロの遺産は、キリスト教が世界中に広まったことに見てとれる。彼の包括性と受容のメッセージは、キリスト教が主要な宗教として発展するための道を開いた。

聖パウロがキリスト教の軌跡に残した遺産は、今日でもうかがい知ることができる。彼の包括性（離婚と同性愛は否定したとしても）のメッセージは、キリスト教が主要な宗教へと成長していくことを予見していた。

テルトゥリアヌス
三位一体論を提唱

Tertullian

生年
155年頃、チュニジア、カルタゴ

没年
220年以降、チュニジア、カルタゴ

現在テルトゥリアヌスは、キリスト教におけるもっとも偉大な論客のひとりであるとともに、才気あふれる護教論者として認識されている。また、たとえ迫害を受けようとも、みずからの信仰をつらぬきとおす人の模範ともみなされている。

テルトゥリアヌスは意志の強い、確固たるキリスト教徒だった。それがもっともよく表れているのが、ローマ帝国支配下におけるキリスト教徒迫害についての記述だ。

「なにごとも神が望まれないかぎりは起こらない。ゆえに、それは神にとって適切な――ときには必要な――ことなのである…それは、よいもみ殻を選別する神のうちわであり、今も神の脱穀場を清めているのだ」

この確固たる態度が、彼の著述の特徴だ。代表作『護教論』（197年）では、あらゆる手段でキリスト教徒を虐げようとする不信心者に対決姿勢をとり、冒頭で「キリスト教徒を罪人だというなら、告発者はせめて罪の証拠を提示すべきだ」と迫っている。

さらに、不信心者はキリスト教徒を告発しているが、彼ら自身も同じ罪を犯していると指摘し、ローマや異教の神々に対しても同様に挑戦的な態度をとっている。「それらの神は、すべてかつては人間であり、それ以後も神とよばれる正当な理由となるなにごともなしていない。それに対し、キリスト教徒は創造主である神だけを信じ、聖書に記された神の証言を所有している」と主張する。そして、神の子イエス・キリストは奇跡を行い、十字架の上で死に、その後復活したと説明している。

テルトゥリアヌスといえば『護教論』がもっとも知られているが、キリスト教の三位一体という概念を、はじめてラテン語で著すという歴史的偉業もなしている。彼が用いた定式は、「ひとつの本質、３つの位格（una substantia, tres personae）」というもので、のちにラテン神学の標準となった。

テルトゥリアヌスはきわめて厳格な道徳律を採用していた。その結果、教会から離脱し、厳しい禁欲と世界の終末の切迫を強調する、異端のモンタノス派に所属した。しかしながら、その厳格さでも満足できず、最終的にモンタノス派をも離脱し、207年頃にみずからテルトゥリアヌス派を結成した。

テルトゥリアヌスは『護教論』のなかで、キリスト教の神の特異性について、目に見えず、無限で、人間は神の証人であると雄弁に語っている。彼はまた、キリスト教の三位一体論をはじめてラテン語で著した人物でもある。

ヒッポの聖アウグスティヌス

St. Augustine of Hippo

人間は生まれつき原罪を負うと主張

生年
354年、タガステ、ヌミディア

没年
430年、ヒッポレギウス、アルジェリア

ヒッポの聖アウグスティヌスは、キリスト教会の最重要人物のひとりである。自由意志、原罪、予定説、神の恩寵にかんする彼の思想は、キリスト教の発展にはかりしれない貢献をし、救済にかんする理論は、キリスト教思想に大きな影響をおよぼした。

アウグスティヌスの信条は厳格で、そのなかには、洗礼を受けずに死んだ赤ん坊は天国に入ることができず、地獄で永遠に天罰を受けるというものもある。また、性行為については、生殖という目的のためにどうしても必要な場合以外は、避けるべきだと考えていた。性行為には劣情の勝利という側面があり、高潔な人々はつねに自分の意志を管理すべしという戒めを破ることになるからだ。

アウグスティヌスの神学は、天地創造と人間の堕落に対する特殊な見解と関連がある。彼はこう考えた。神がアダムを創られたとき、アダムには自由意志があたえられた。つまり、アダムは進もうと思えば義の道を進むことができたのだ。しかしながら、彼はその道を選択せず、結果として堕落してしまった。それゆえ、人間は地獄に堕ちても不満を言える根拠をもたない。なぜなら、人間は本質的に邪悪なものだということを、アダムが証明したからである。

しかしながら、彼はすべての人間が地獄に堕ちると考えていたわけではなかった。神の恩寵を得るために人間にできることは何もない（人間は邪悪で、いかなる善行もこの事実をくつがえすことはできない）が、神はその寛大さによって、洗礼を受けたなかから少数の者を選び、恩寵をあたえてくださる。その者たちは神の道に従う力をあたえられ、死に際して天国へ行く、そう彼は考えていた。

アウグスティヌスの予定説には、なかなか興味深い点がある。バートランド・ラッセルがその偉大な著書『西洋哲学史』（1946年）で指摘したところによると、アウグスティヌスは、神は人間の大部分が地獄へ堕ちることを知ったうえで人間を創造したという点についてはたいして悩んではいなかった。しかし、原罪という教義を立てると、人間は両親から肉体だけでなく、罪の所在である魂も受け継いでいることになるといった瑣末なことに悩んでいたという。

それでも、ルター派の神学者ヨハン・クルツ博士は、その著書『キリスト教会の歴史（Church History）』のなかで、アウグスティヌスを「もっとも偉大で、もっとも強力な教父であり、西洋におけるすべての教義と教会の発展は、彼からはじまった」と称している。キリスト教思想にアウグスティヌスが影響をあたえたことは、まぎれもない事実なのである。

アウグスティヌスは、人間には自由意志があると考えた。アダムは神の道に従い、リンゴを食べないことを選択できたにもかかわらず、神にそむき、リンゴを食べることを選択した。その結果、人間は生まれながらに「原罪」を負うことになったのである。

ペラギウス

Pelagius

人間は自由意志により正しい道を選択できると主張

今日のキリスト教社会では、もはやペラギウスの教えはよく知られていないが、当時彼の非正統的な意見は、多くの信奉者を引きつけた。しかし、最終的にペラギウスは弾劾され、排斥されることになる。この不運の原因は、彼の原罪と人間の自由意志についての見解だった。このふたつは、キリスト教神学における、もっとも重要で、論争の対象となる領域である。

原罪という概念は、正統派キリスト教思想の中核をなす。創世記２−３章に描かれているように、人間は堕落によって神にそむいた結果、生まれながらに罪を負い、その罪は神の恩寵によってのみ償われるというものだ。しかしながら、ペラギウスは神の恩寵の必要性を認めなかった。人間は生まれつきアダムの罪によって汚されているわけではない。むしろ、人間は自由意志によって正しく生きることを選択し、自分自身の努力によって、永遠の命を確保することができると主張した。

ペラギウスにとって、これはたんなる抽象的な思索ではなく、キリスト教徒が道徳的に価値ある人生を生きられるかどうかという核心に迫るものだった。彼は４世紀末のローマで目にした、アウグスティヌスの神の恩寵という概念の影響による道徳的堕落を非難した。とくに、アウグスティヌスの「神よ、あなたの命じるものをあたえたまえ、あなたの欲するものを命じたまえ」という有名な祈りに反感を覚えたという。

神の意志に従うためには恩寵が必要だという思想を、ペラギウスは受け入れることができなかった。こうした概念は、道徳規律全体を危うくすると考えた。それでは人間はみずからの意志で正しい行いをすることができず、まぬがれがたい弱さのために罪が生じることになる。ペラギウスの見解はアウグスティヌスに否定され、アウグスティヌスは、ペラギウスが９つの教会の教義を否定しているのを確認したと主張した。そのなかには、死は罪から生まれる、幼児洗礼は原罪を洗い流す、神の恩寵なくしてはどんな善行も不可能であること等がふくまれている。

ペラギウスは、アウグスティヌスの意見に異議を申し立てたにもかかわらず糾弾され、417年にカトリック教会から追放された。その時点でペラギウスは歴史的記録からも姿を消したが、その著作でとりあげられた論点は、いまなお議論の対象でありつづけている。キリスト教神学において、原罪、自由意志、神の恩寵はもっとも重要で、しかも議論をよぶ、複雑な観念なのである。

生年
354年頃、ブリタニア

没年
418年以後、おそらくパレスチナ

ペラギウスは、人間には善悪を選択する能力があると主張した。しかしながら、神の恩寵が果たす役割を軽く考えていたわけではない。恩寵は人間性のなかに現れ、それにより人間は、自由意志、良心、道理という正義の道を選ぶことができると説いた。

カンタベリーの聖アンセルムス

St. Anselm of Canterbury

神の存在証明を試みた

カンタベリーのアンセルムス、のちの聖アンセルムスは、神学的論争を解決できる手段は理性のみであると考えた。具体的にいうと、理性のみが神の存在を証明し、神に三位一体（父、子、聖霊）の性質があることを立証し、人間の魂は不滅であることを明らかにし、聖書には誤りがないことを示すことができると信じていた。

とはいえ、神にかんする理論的知識に精通しないと、神を信じることができないと考えていたわけではない。それどころか、まったく逆だった。「わたしはまず信じないと、理解できない」と言っているように、彼は啓示された真実を、理性から考えても疑いのないものにしたいと考えていたのだ。

アンセルムスの考え方を理解するには、その著作『悪魔の堕落』（1070年頃）に書かれた例を考えてみるといいだろう。アンセルムスは、悪魔は自分が堕落するという予備的知識をもっていただろうかという問いを発している。もしもっていたなら、その運命を受け入れたのか、受け入れなかったのか。もし受け入れたのなら、受け入れた時点ですでに堕落していたのであるから、予備的知識をもっていたことにはならない。もし受け入れなかったなら、悲嘆にくれたことだろう。しかしながら、これはありえないことだ。なぜなら、堕落しなかったなら悪魔は罪深い存在にはならないので、悲しむ必要がないからだ。したがって、悪魔は堕落についての予備的知識をもっていたはずはないということになる。

この議論はいまではいくぶん不可解に思えるが、アンセルムスが展開させた同じような議論は、いまなお議論されつづけている。『プロスロギオン』における神の論的証明の論理構成は、その典型的な例である。

1　神とは「それ以上偉大なものを思いつかない存在」と定義できる。

2　頭のなかに存在するもの——すなわち、神という概念——は現実においても存在するかもしれない。言いかえれば、神は頭のなかだけに存在する、あるいは神は頭のなかと現実のどちらにも存在するというふたつの可能性がある。

3　頭のなかと現実の両方に存在するものは、頭のなかだけに存在するものより偉大である。

4　神が頭のなかだけに存在すると仮定しよう。ここで矛盾につきあたる。先ほど神を、「それ以上偉大なものを思いつかない存在」と定義した。しかし、たった今、頭のなかと現実のどちらにも存在するものは、頭のなかだけに存在するものより偉大であることがわかった。それゆえに、神は頭のなかだけに存在することはできない。

ゆえに、神は存在する——頭のなかにも現実にも。

生年
1033年、アオスタ、ロンバルディ

没年
1109年、おそらくカンタベリー、イギリス

アンセルムスは、理性を使って神学上の問題に光をあてることは可能だと主張した。彼は信仰の理性的基盤を確立しようとした最初の偉大なキリスト教思想家で、「スコラ学の父」とよばれている。

聖トマス・アクィナス

St. Thomas Aquinas

理性は信仰の根拠となりうると主張

生年
1225年頃、ロッカセッカ、イタリア

没年
1274年、フォッサノヴァ、イタリア

多くの人は、宗教的信仰は信じることによるところが大きく、啓示による宗教的真実は信頼すべきもので、疑念をさしはさむ余地はないと考えている。しかしながら、こうした考えからは、以下のような疑問が提起される。理性が宗教的信仰になんの役割も果たさないなら、なぜ神はこの機能をもつものとして人間を創られたのか。また、なぜ理性は宗教以外の人間活動の領域では、知識を深める手段として大いに活躍しているのか。アクィナスは、聖書の真実を信じるにあたっては、信仰と理性を融和させることが望ましいと考えた。

なにごとも理性の範囲内で行うのが望ましいというアクィナスの見解がもっともよく表れているのは、おそらく、『五つの道(Quinque viae)』(1270年頃)だろう。これは、運動、原因、不確実性、完全性、目的についての5つの哲学的議論にもとづいて、神の存在を証明しようとするものだ。たとえば、第2の道では、世界には明確な因果関係があると考える。たとえば、わたしがラケットでテニスボールを打つとする。すると、ボールはラケットによって飛ばされるが、そのラケットを動かしているのはわたしの腕であって…というものだ。このような一連の出来事においては、原因なしに起こる原因はない。むしろ、先行する原因によって結果が起こり、その結果がまた次の出来事の原因となる。重要なのは、因果関係を逆方向にたどっていくと、永遠には続かないということだ。かならずある時点で、原因なくして起こった原因——そこからすべての因果関係の連鎖がはじまる原因——が存在する。アクィナスはこの原因のない原因こそ、神であると主張した。この議論には理性の働きが見てとれ、推論や演繹法を用いて進められているのがわかる。しかしながら、一見もっともらしく見えるものの、この議論には疑問の余地が残る。原因の連鎖はほんとうに無期限にさかのぼれないものなのか、もしさかのぼれないとしても、原因なくして起こった最初の原因が、われわれが神とよぶ種類のものだと推定できる正当な理由がない。それがキリスト教でいう全知全能で情け深い神であるとは、あきらかに思えない。今日神学者のあいだでは、アクィナスの『五つの道』は神の存在を証明するには不十分であるという見方が大半をしめる。しかし、宗教的信仰を裏づけるために理性をどう使うかを示した例としての存在価値は認められている。

アクィナスの影響力はきわめて大きかった。その信奉者であるトマス主義者たちは、キリスト教神学の発展に中心的役割を果たした。もっとも重要なのは、宗教的信条は信仰によってのみ支えられるものではなく、また支えられるべきものでもないことを、アクィナスが示したことだ。

アクィナスは、人間の能力はきわめてかぎられたものなので、理性を使って神を完全に理解することは不可能だと考えた。実際のところ、われわれが得る知識とは、類推と否定によるものだ。つまり、神はこんなものではないということしか知ることができないのだ。

マルティン・ルター
Martin Luther
信仰とは神の恩寵に対する信頼であると宣言

生年
1483年、アイスレーベン、ドイツ

没年
1546年、アイスレーベン、ドイツ

マルティン・ルターの名は、宗教改革の創始者としてもっともよく知られている。教皇権より聖書を優位に置くというルターの主張は、教会の権威を疑問視する時代の幕を開け、最終的に1500年代のカトリック教会の分裂をまねいた。

人間は神の助けを受け、善行を行うことによって義と認められるというのがキリスト教正統派の考え方だった。ルターはこれに異議を唱え、義は信仰によってあたえられると主張した。救済は獲得できるものではない。イエス・キリストの生涯をとおしてあたえられる、神の恩寵という贈り物である。この義認（あるいは救済）の信条は、ルターのすべての教えの基盤となっている。ルターは『ローマ信徒への手紙』の序文（1552年）にこう書いている。

「信仰とは、神の恩寵に対する、いきいきとした果敢な信頼である。だからこそ人間は、信仰のために千回でも命を賭けることができるのだ」

このように救済という概念を再定義したことが、ルターとカトリック教会の対立をまねいた。それがもっとも明らかになったのが、1517年に出版された『95カ条の論題』である。その中でルターは、ローマカトリック教会の贖宥《しょくゆう》（罪に対する罰の減免）や免罪を認める権利を否定した。ルターの論文は広く読まれ、貧しい人々や、資金がローマへ流れることに苦慮していた地方の官吏に受け入れられた。ルターの贖宥に対する反対論は、教皇が罪を減免する権利を有するなどと、聖書のどこにも書かれていないという明快なものだった。この議論の重要な点は、ルターがローマ教皇より聖書を優先したということである。

近代的観点からすると、ローマカトリック教会の権力に盾ついたルターに、喝采を贈りたいところだ。しかしながら、彼はまた、近代の倫理基準からは受け入れがたい意見ももっていた。たとえば、ルターは熱烈な反ユダヤ主義者で、シナゴークに火をつけ、ユダヤ人の家や財産を没収すべきだと人々をそそのかした。

それでも、ルターの歴史上の人物としての重要性は否定できない。宗教改革の口火を切っただけでなく、その教義は、現在約7000万の信者を擁するルーテル教会の基盤となった。

ルターは贖宥状をめぐってローマ教会と対立したが、これはローマカトリック教会との数多くの論争の中のひとつにすぎない。たとえば、彼は司祭には人間と神を仲介する能力があるのかという疑問をも呈した。

イグナチオ・デ・ロヨラ

神は万物の中に存在すると主張

Ignatius of Loyola

生年
1491年、ロヨラ、スペイン

没年
1556年、ローマ、イタリア

イグナチオ・デ・ロヨラは1534年、カトリック教会の修道会イエズス会を創設した。イエズス会は、プロテスタントの宗教改革への対抗運動において積極的役割をにない、今日ではカトリック教会最大の男子修道会となり、２万人以上の会員を擁している。

イグナチオは1522年に、洞窟の中で何度も幻を見るという体験をしたあと、神の真実の姿に出会ったと考えるようになり、神は万物のなかに存在するという結論に達した。このころ、瞑想、祈り、知的活動をまとめた『霊操』（1548年）の執筆を開始している。イグナチオは霊操という訓練について、以下のように述べている。

「ここにあげた良心を究明するための、声に出して祈るための、あるいは黙祷するためのあらゆる手段は…度をすぎたあらゆる執着を排除するために魂の準備をし、整える方法であり、排除したあと、魂の救済のためにどのように人生を整えればいいかについて、神の意志を探し、発見する方法である」

彼はみずからの聖書解釈と霊的な直接体験をもとに、この訓練法を発展させた。それは、信者たちが神の栄光を讃える助けとなるよう意図されており、信者たちがこの目的のために人生を捧げ、知性と感情をこの目的に傾注できるよう導くものだ。

その後イグナチオは、聖職につくための勉学をはじめた。ところが、スペイン異端審問にまきこまれ、必要な資格がないにもかかわらず人々に宗教について教えたという罪で、２度逮捕される。この時期、あらゆる宗教的指導者、とくにイグナチオと同程度の信奉者をもつ指導者は、すべて嫌疑をかけられた。

1534年、イグナチオは６名の同志とともにイエズス会を創設し、教皇が望むならどんな任務にも従事することを誓った。おそらくもっとも意義深いのは、イグナチオとイエズス会がプロテスタントの宗教改革に対して積極的に行動し、対抗宗教改革運動で重要な役割を果たしたことだろう。イエズス会は会員に、聖書と教皇どちらの権威にも従うよう要請し、イグナチオは「白に見えるものでも、カトリック教会が黒だと決定したら、われわれは黒だと信じよう」とまで言った。

イグナチオと、彼が創設したイエズス会がめざしたのは、イエズス会会員と人類全体の救済だった。初代総長に選ばれたイグナチオは、その後の人生を、世界中のイエズス会の指導に捧げた。

ジャン・カルヴァン
予定説を明確に示した

John Calvin

生年
1509年、ピカルディ地方ノワイヨン、フランス

没年
1564年、ジュネーヴ、スイス

16世紀の宗教改革初期のプロテスタントの神学者ジャン・カルヴァンは、人間は全面的に神に依存していると考えた。神は万物の創造主で支配者であるというだけでなく、人間の運命は完全に神の手中にあるという意味において。

カルヴァンは、人間は神に反抗した結果、生まれつき罪を負っているというアウグスティヌスの見解を受け入れた。その当然の帰結が劫罰である。しかしながら、カルヴァンは、神はその恩寵により、一部の人間を選んで慈悲をあたえ、永遠の救済を運命づけたと主張した。選ばれた人々は「選民」である。だが不幸なことに、一方で「堕落者」も存在し、神は彼らに対して恩寵を示すことは選ばず、地獄で劫罰を受けて苦しむよう運命づけたと考えた。

重要な点は、運命を変えるために、われわれにできることは何もないということだ。カルヴァン主義者の教義によると、人間が救われるかどうかの選択は、完全に神の手中にある。これが「無条件的選択」で、選ばれた者は神の恩寵からはずれることはないが、堕落者はどれほど善き人生を送ろうと努力しようと、決して永遠の救済を受けることはできない。

予定説の問題点は、自分が選民であるか堕落者であるかを、どうすれば知ることができるかという疑問が出てくるところだ。それに対し、カルヴァンは、「天職」での成功が、選民の証しだと答えた。つまり、神の言葉に導かれて正義の人生を歩むことができているなら、自分は救済を受けていると考えてよい。

カルヴァンの神学は、マルティン・ルターのようなほかの宗教改革者のものと、さほどかけ離れたものではないにもかかわらず、予定説と天職での成功を強調したことで、近代世界の形成に重大な影響をあたえたと考えられている。たとえば、社会学者のマックス・ヴェーバーは、資本主義誕生の火つけ役となったのは、カルヴァン主義者の勤勉、節約、節制にかんする見解だと主張した。

カルヴァンは、聖書に明記されているものを除き、宗教の根本的真実を理解する人間の能力に強い危惧の念をいだいていた。それで、神の統治を地上に迎えいれやすくするために、むしろ世俗的な行いに専心する方が重要だと強調したのだ。この意味において、カルヴァンの教義は、頭で理解する神学理論というよりは、キリスト教徒としての人生を歩むための指針だといえる。

カルヴァンは予定説を明確に示した。その中で個人の天職を重要視したことで、近代思想の形成に重要な影響をあたえた。

ブレーズ・パスカル
「パスカルの賭け」を考案

Blaise Pascal

生年
1623年、クレルモン＝フェラン、フランス

没年
1662年、パリ、フランス

17世紀の偉大な博識家ブレーズ・パスカルは、宗教の分野においては、有名な「賭け」によってもっともよく知られている。これは、神への信仰は合理的なものであることを証明しようとするものだ。パスカルはそれまで、主として数学と物理に関心を向けていたが、啓示を受けて以後、徐々に宗教にかんする著作が増えた。

1654年11月23日の夜、パスカルは宗教的回心を体験した。それがあまりに深遠な体験だったために、彼はそれを羊皮紙に記録し、上着に縫いつけ、生涯どこへ行くときも携帯した。この体験のあと、彼は宗教にかんする執筆をはじめた。『プロヴァンシアル（田舎の友への手紙）』（1656−1657年）はイエズス会に対する攻撃の書で、イエズス会の神学論、倫理観にみられる便宜主義を非難した。パスカルは、イエズス会は政治的利益のために、聖書の正確さを犠牲にしていると主張した。

パスカルの神学上の見解の幅広さからは、アウグスティヌスの影響が感じられる。アウグスティヌスは、人間は神の恩寵によってのみ救済されるという見解に徹していた。それによると、神の恩寵はきわめて強力なので、その恩恵に浴する人々は、つねに神の道に従うことを選択するという。しかしながら、パスカルは予定説、すなわち、救済は神の意志によってあらかじめ定まっているという考えも信じていた。

このことは、パスカルが晩年キリスト教の弁証論を書いたことと若干矛盾するように思える。これらの文書は、パスカルの死後に編纂されて『パンセ』（1669年）として出版されたが、このなかに神の存在にかんする、有名なパスカルの賭けの理論がふくまれている。それはこういうものだ。われわれは神が存在するかしないかという、神の存在についての避けられないジレンマに決断をくださねばならない。もし神が存在しないとしても、神は存在すると信じることによって失うものはほとんどない。もし神が存在するなら、存在すると信じることによって得るものは大きい。そして、神は存在しないと考えることによって、失うものは大きい。それゆえ、神が存在する方に賭け、それに応じて行動をすることは理にかなっている。

パスカルの賭けは、実際のところ、予定説についての彼の見解と矛盾している。信仰が救済の要因にならないなら、人々に信仰の効力を説得しようとするのは奇妙だという批判が出ることを、パスカルは予期していた。彼は、神はだれを選択されるかわからないので、自分の義務は人を信仰へと導くことだと答えた。

パスカルはその賭けの論理によってもっとも知られているが、その知的業績は広範囲にわたっている。そして、科学や数学の分野においても、宗教における弁証論にまったくひけをとらない偉業を残している。

パスカルの賭けは、神は存在するかどうかの議論ではない。むしろ、理性は神への信仰に関与するかという議論である。これは、主として神の存在に確信がもてない人々——懐疑的ではあるが、関心がある人々——を対象にした理論といえる。

ジョージ・フォックス
クエーカーの創始者

George Fox

生年
1624年、フェニードレイトン、イギリス

没年
1691年、ロンドン、イギリス

ジョージ・フォックスは、新しい宗教運動クエーカー（キリスト友会）誕生のきっかけとなった人物として知られている。クエーカーの核となる信条とは、すべての人には神のかけらが宿っており、それゆえ、すべての人は善の可能性を秘めているというものだ。この運動は平和主義と公民権活動の長い歴史をもち、奴隷制廃止にも関与した。

フォックスは17世紀イギリスの聖職者に幻滅していた。彼らには精神的自覚が欠けていると思えたのだ。

「神はわたしの心のなかに、オックスフォード大学やケンブリッジ大学で教育を受けただけでは、キリスト教の聖職者になるにふさわしいとはいえないという認識をおあたえになった」

ここでフォックスは、神から霊感を受け、宗教的真実を直接理解することについて語っている。つまり、神と神がこの世界に望まれていることを理解するために、権威ある教会や聖職者に頼る必要はないということだ。

フォックスは続けざまに啓示を受けた。神は宗教的建築物のなかにおられるわけではない、権威ある聖職者が真の信仰をもっているわけではない、そして、自分の使命は、各人の心のなかに存在するキリストのもとに人々をつれていくことだ。「わたしはこうしたことを、人から教えられて、あるいは書物を読んで知ったわけではない。それは文字で書かれてはいたが、わたしは主イエス・キリストの光のなかで、イエスの魂と力にじかに触れることによって知ったのだ」

1647年、フォックスはそのメッセージを、イギリス国民にとどける仕事に着手した。彼の初期の信奉者は、宗教的熱狂に体を震わせたために、クエーカーとよばれるようになったといわれている。彼は国教会の邪悪さと、「内なる光」による直接的な啓示という自分の教義の「恩恵を説いた。また、宗教的権威は避けるべきだということ、戦争や奴隷制度への反対など、多くのより具体的な信条についても説教した。

その結果、フォックスは権威者に気に入られることはなかった。公然と彼らを批判し、宗教的儀式や納税を拒否したために、たちまち宗教的指導者の反感をかった。しかし、宗教上の表現の自由を求める陳情を行ったかいあって、1689年、フォックスの死の直前に信教の自由令が議会を通過した。

クエーカーは、正式名称をキリスト友会といい、現在も勢力を拡大している。ジョージ・フォックスの当初の教義の多くは、いまもクエーカー信者のあいだで重要なものと受けとめられている。

フォックスは、個人が自己の信仰と内なる啓示に従って生き、崇拝する権利を主張した。そして、宗教上の表現の自由を認める法律を求めて、精力的に陳情を続けた。

ジョン・ウェスレー
普遍的救済論を提唱

John Wesley

生年
1703年、エプワース、イギリス

没年
1791年、ロンドン、イギリス

1730年にジョン・ウェスレーがオックスフォード大学で指導した宗教研究のグループ、ホーリー（神聖）クラブは、現代の大学のサークルとは性質を異にするものだった。規律正しい研究と祈りに身を捧げるようすから、メンバーには「メソジスト（几帳面屋）」というあだ名がつけられた。

グループの活動は、オックスフォード大学の範囲を優に越えていた。メンバーは町の監獄を訪れ、受刑者に読み書きを教え、仕事を探す手助けをした。また、貧民救済にも尽力し、衣服や薬をもって貧民収容施設を訪問した。

こうした人生の初期段階には、ウェスレーの神学上の立場にこれといって特徴的なものは見られなかった。ところが1738年に、ウェスレーは宗教的啓示を体験する。

この啓示の意味は、ジャン・カルヴァンの思想を認識していないと明らかにならないだろう。カルヴァン主義ではこう考える。救済は選ばれたわずかな人にのみあたえられる神からの贈り物であり、選ばれた者も選ばれなかった者も、その運命を変えることはできない。運命はすべて、あらかじめ決められている。

ウェスレーは、イエス・キリストへの信仰、そして信仰そのものによって、神の恩寵を受け、救済を得ることは可能であり、それゆえに、救済の可能性は選ばれたわずかな人にかぎられたものではなく、すべての人に開かれていると信じるにいたった。

この認識を得たウェスレーは、熱心に布教活動を開始した。最初は直接説教を行っていたが、メソジスト教会の規則を書いたことが縁となり、ほどなく教会の後援のもと、説教を行うようになった。彼の説教は有名になり、しばしば過激な反応をひき起こした。たとえば、ウェスレーの説教を聞いたイギリスのキングスウッドの炭鉱夫は、涙を流して泣きくずれたという。しかしながら、国教会はウェスレーを、危険な民衆扇動家とみなした。

ウェスレーが奴隷貿易に反対したことはよく知られているが、政治的革命家とみなすのはまちがいだろう。とはいえ、初期の社会主義者の多くは、彼のメッセージにふくまれる普遍的傾向、とくに、すべての人間は神の目から見れば平等であるという概念に共感をいだいた。実際、20世紀のイギリス労働党指導者モルガン・フィリップスは、イギリスの社会主義は、マルクス主義よりメソジスト主義に負うところが大きいと述べている。

多くの歴史家が主張するところによると、メソジスト主義と、**ウェスレー**が提唱した思想は、フランス革命とナポレオン戦争の困難な時代に、労働者階級が過激な行動に走るのを抑える役割を果たした。

セーレン・キルケゴール

「信仰の飛躍」の概念を提唱

Søren Kierkegaard

生年
1813年、コペンハーゲン、デンマーク

没年
1855年、コペンハーゲン、デンマーク

19世紀の偉大な哲学者のひとりであるセーレン・キルケゴールは、神やキリスト教信仰を理性で明らかにすることは可能だという考えを否定し、それは理性による理解を超えたものと考えた。さらに、宗教という領域は、信仰を理性を超えたものにする、「信仰の飛躍」によって成り立っていると主張した。

それゆえ、キルケゴールにとって、神人イエス・キリストに対するキリスト教徒の崇拝は、矛盾をはらむものに思えた。このような信仰を、理性的議論や経験的証拠によって正当化することは断じて不可能だった。それを正当化できるのは、熱烈な献身だけである。キルケゴールはその著書『おそれと慄き』（1843年）のなかで、旧約聖書のアブラハムとイサクの話を分析することによって、熱烈な献身が倫理にどのような意味をもつかを詳細に述べている。

聖書の最初の書である『創世記』で、神はアブラハムに息子のイサクを殺すよう命じる。キルケゴールによると、神の命令に従うことは、完全に通常の倫理の枠からはずれた行動を余儀なくされる。つまり、より高い目標のために倫理を棚上げにしなければならないのだ。キルケゴールはこれについて、アブラハムの状況を、「悲劇的英雄」の状況と比較して描いている。

次のような状況を考えてみよう。ある軍司令官は、戦いに敗れるのを避けようと思えば、１個大隊の兵士を確実に死に追いやらねばならないことを認識している。その大隊には自分の息子がいる。この状況は、絶望的な道徳的ジレンマをひき起こすが、それでも理性によって判断することは可能だ。司令官はどのような決断をくだそうと、その決断を正当化し、他人を納得させることができるだろう。これはアブラハムの立場とは異なる。アブラハムの場合、天からあたえられた命令に従うしかないのだ。その結末は、通常の道徳的物語の観点からは思いもよらないものなのだが、重要なのは、神との主観的で深い関係へのアブラハムの絶対的献身である。

そうなると、宗教的信仰は容易な選択肢とはいえないし、そもそもなぜ人はそれを選択するのかという疑問が生じる。キルケゴールの答えは、人は信仰によってのみ絶望からのがれ、自由のなかに真の自己を発見することができるが、その自由とは、逆説的ではあるが、超越的な存在への依存によってもたらされるというものだ。

宗教的信仰の不合理性を強調することには問題がある。とりわけ、キルケゴールの宗教にかんする思考の核心に存在する不合理性は、ニヒリズム、あるいはファシズムにさえ簡単に変化しかねない。ヴォルテールが明らかにしたように、信仰という口実で、多くの恐ろしいことが、正当化されてきたのである。

キルケゴールは信仰を、キリスト教会の教義の問題とは考えていなかった。むしろ個人的情熱のひとつであり、その情熱にもとづいて、人は信仰が知らしめる無限の世界のなかで、真の自己を発見する機会を得ると考えていた。

グスタボ・グティエレス

Gustavo Gutiérrez

キリスト教は人々を解放に導くべきものと主張

生年
1928年、リマ、ペルー

「解放の神学」とよばれる理論を展開したことで知られるグティエレスは、神学は年をへても変わらないのではなく、その時代の社会状況を反映すべきだと主張した。

グティエレスによると、神学は「世界の状況に照らしたうえでの、キリスト教徒の行動に対する批判的考察」であるべきだという。言いかえれば、神学は信仰のしかるべき社会状況にどっぷりひたって、現代生活の実用的な課題に対処する用意をするべきだということだ。

自分の研究分野は、どちらかといえば政界や一般社会と隔絶していると考える多くの正統派神学者とは異なり、グティエレスは、社会問題は中心的テーマであり、歴史的現実には神学的立場で検証すべきものがあると主張した。

グティエレスがこのような急進的態度をとるようになった一因は、南アメリカの多くの地域で、もたざる者たちの悲惨な貧困の苦しみを見た体験にある。また、キリスト教の信仰には社会的・政治的正義の積極的追求がともなうべきで、神学は世界をよい方向へ変える必要性と直接つながっているという信念も、その動機になっている。解放の神学とは、ただ思索的なだけの神学ではなく、世界が変化するプロセスの一部であろうとするものなのだ。

解放を求める闘いは、救済への努力と密接につながっているとグティエレスは主張した。その独創的な著書『解放の神学』（1973年）の中で、彼は解放の３つの局面を明らかにしている。それは経済的欠乏や搾取からの解放、宿命論からの解放、そして、罪からの解放であり、これによって人々は神に心を開くことができるという。

この３つの局面は、救済のプロセスの一部であるという主張がすぐれているのは、人々が直面している過酷な環境を考えてみると、現実的であることだ。解放の神学は、救済を純粋に宗教的な問題、すなわち神との個人的な関係の問題とみなすのではなく、神と人との関係はその時々の歴史的状況と密接に関連していると考える。

解放の神学は多くの組織から批判を受けてきた。とりわけ、キリスト教神学よりも、政治的な意味での解放を重要視しているのではないかという意見がある。具体的には、解放の神学者は暴力の擁護者であるとか、キリスト教の教義とはあいいれない、マルクス主義の概念を好むなどと中傷されている。

グティエレスは、神学と政治的能動主義を結びつけた「解放の神学」を提唱し、社会的正義と人権を、救済と解放への道程の重要なステップとみなしている。

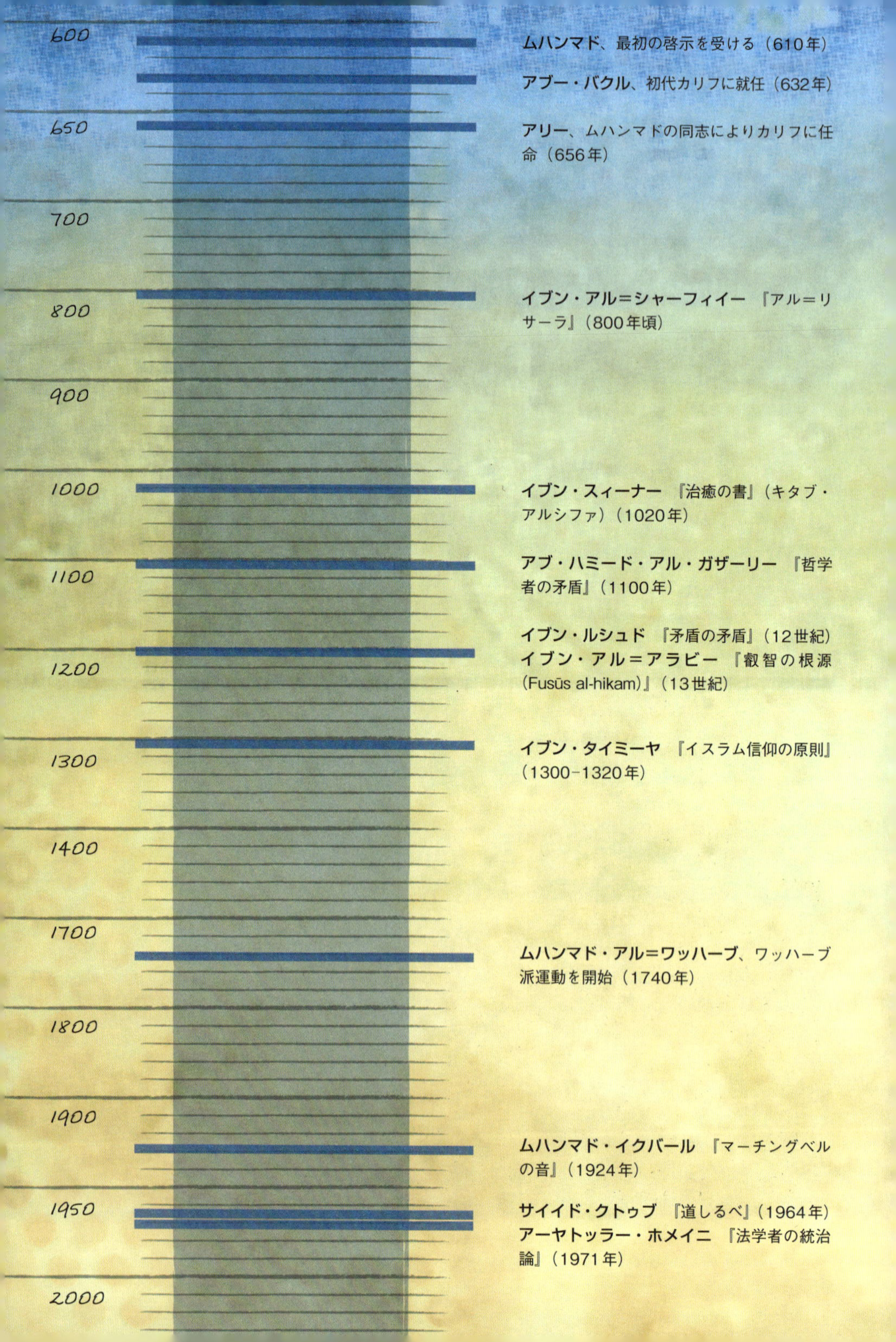
600
ムハンマド、最初の啓示を受ける（610年）
アブー・バクル、初代カリフに就任（632年）
650
アリー、ムハンマドの同志によりカリフに任命（656年）
700
イブン・アル＝シャーフィイー 『アル＝リサーラ』（800年頃）
800
900
1000
イブン・スィーナー 『治癒の書』（キタブ・アルシファ）（1020年）
1100
アブ・ハミード・アル・ガザーリー 『哲学者の矛盾』（1100年）
イブン・ルシュド 『矛盾の矛盾』（12世紀）
1200
イブン・アル＝アラビー 『叡智の根源（Fusūs al-hikam）』（13世紀）
1300
イブン・タイミーヤ 『イスラム信仰の原則』（1300–1320年）
1400
1700
ムハンマド・アル＝ワッハーブ、ワッハーブ派運動を開始（1740年）
1800
1900
ムハンマド・イクバール 『マーチングベルの音』（1924年）
1950
サイイド・クトゥブ 『道しるべ』（1964年）
アーヤトッラー・ホメイニ 『法学者の統治論』（1971年）
2000

第2章
イスラム教

世界中で15億人が信仰するイスラム教は、7世紀頃アラビア半島で誕生した。主要な一神教宗教の中ではもっとも新しく、その聖典『コーラン』は、神が預言者ムハンマドに語った言葉を、そのままの形で記載したものといわれている。ここにとりあげたイスラム教指導者と思想家は、紀元1000年前後に隆盛をきわめた、イスラム思想史の豊かさを物語っている。

シーア派とスンナ派

多くの分派があることがイスラム教の特徴だが、なかでも重要なのがスンナ派とシーア派の分裂である。この分裂の発端は、預言者ムハンマドの後継者として、だれが初代カリフ（指導者）にふさわしいかについての議論にある。シーア派は、ムハンマドの近親者であるアリーがふさわしいと考え、次のように宣言した。

「アッラーのほかに神はなく、ムハンマドはアッラーの使者である。アリーはアッラーの友である。彼こそがアッラーの使者の後継者であり、初代カリフである」

実際には、スンナ派が推したアブー・バクルが初代カリフとなった。アブー・バクルはムハンマドの死の直前の数日間祈祷を指導し、彼を選ぶことがムハンマドの望みにかなうと考えられたのだ。

結局アリーは、ムハンマドの死から約24年後、第3代カリフのウスマーンの暗殺にともなってカリフの位についた。だが、アリーの統治は短命に終わった。その後ムアーウィアがカリフとなり、ムアーウィアの死後はその息子ヤズィードがみずからカリフを継承すると宣言した。それに対してアリーの息子フサインが兵をあげたが、多勢に無勢で、カルバラーの戦いで虐殺された。この戦いにおけるフサインの奮闘と殉教は、今もシーア派の重要なテーマとなっている。

ムハンマドの直系継承は、873年、第12代シーア派イマーム（最高指導者）のムハンマド・ムンタザルが、即位の直後姿を消したときに終わりを告げた。シーア派教徒は、彼は死んではおらず、「隠れ」ているだけで、世界の終わりの日に再臨し、正義の治世をもたらすと信じている。

スンナ派もシーア派も、イスラム教信仰の中心は五行（五柱）だという点では一致している。これは信仰告白、礼拝、喜捨、断食、

「人間は半分天使で、半分悪魔である。天使の部分より悪魔の部分の方が強い。それゆえに社会は法律と適切な刑罰を作り、悪魔の部分と闘うために組織化すべきなのだ」

アーヤトッラー・ホメイニ、『問題の解明』

メッカへの巡礼の５つの行為をさす。とはいえ、この２派はコーランの一部について別の解釈をしており、シーア派は異なったハディース（ムハンマドの言行にかんする伝承）を使う。だが、おそらくより重要なのは、シーア派がスンナ派にはない殉教という強力なテーマによって特徴づけられることだろう。そのため、たとえばイラン革命におけるアーヤトッラー・ホメイニとその信奉者の苦闘は、カルバラーの戦いにおけるフサインに擬して、偉大な行為として記録されている。

イスラム教の学者の多くは、イスラム教徒の統一を奨励してきた。もっともよく知られているのが、カイロの著名なスンナ派の神学校アル＝アズハルのシャイフ（長老)、マフムード・シャルトゥートが1959年に出したファトワー（イスラム法の解釈をめぐりイスラム法学者が書面で提出する意見）で、「シーア派は、スンナ派の諸学派と同様に宗教的に正しい学派であり、尊重して従うべきものである」と宣言している。

ムハンマド
イスラム教の開祖

Muhammad

イスラム教徒の偉大な預言者ムハンマドは、歴史上実在したイスラム教の開祖である。しかしながら、彼の人生と業績は、イスラムの伝統においては唯一の真の宗教の頂点とみなされているが、同じアブラハムの宗教であるユダヤ教とキリスト教では、以前は不完全な裏づけしかされていなかった。

コーランに記されたムハンマドの核となる宗教的思想は、天使ガブリエルを通じて伝えられた神の言葉だと信じられているが、ユダヤ教やキリスト教の思想と大きな違いはない。ムハンマドは、アッラーは唯一不滅の神であり、アッラー以外に神は存在しない、アッラーは全知全能で、慈悲深く、公正だと説いた。

人間はとうていこの理想には達しえないというのが、ムハンマドの信念だった。とくに、複数の神を崇拝する多神教は罪を犯していると考えた。たとえば、キリスト教徒はイエスを神として扱い、アラブの多神教徒はさまざまな天使に神性をあたえている。これに対しムハンマドは、神はアッラーのみであると主張し、正道をはずれると来世で罰を受けると説いた。

ムハンマドは信奉者の宗教生活を管理する細かい規則を定め、信奉者はこれらの規則を尊重し、日々の生活で忠実に実践した。ムハンマドは632年の最後の説教で、信奉者たちに次のように訴えた。

「アッラーを崇拝し、毎日５回の礼拝とラマダーン月の断食を行い、富を喜捨しなさい。できればハッジ（メッカ巡礼）を行いなさい。すべてのムスリムは同胞であり、あなた方はみな平等です。敬虔さと善行を除けば、だれかがだれかにまさるということはありません。いつかはアッラーの前に出て、自分の行いの報いを受けるということを、忘れてはなりません」

ムハンマドは相当な妨害にあっても、自分のメッセージをはっきりと示した。その結果、コーランの中のジハード（聖戦）という概念が、一人歩きして注目されるようになった。ジハードの性質、すなわちその限界と対象にかんして、学者の意見は分かれている。しかしながら、ある特定の状況においては、とくに（というより、おそらく唯一の状況であろうが）信者が住む土地を追われた場合は、コーランは不信心者への暴力を認可している。

「アッラーの道のために、おまえたちに敵する者と戦え…おまえたちの出会ったところで、彼らを殺せ。おまえたちが追放されたところから、敵を追放せよ」

生年
570年、メッカ、サウジアラビア

没年
632年、メディナ、サウジアラビア

イスラム教の聖典コーランで、**ムハンマド**は虐げられた人々の側に立ち、神は正義に味方すると説いた。そして、貧富の差を糾弾し、すべてのムスリムに貧民にほどこしをするよう命じた。

アブー・バクル

ムハンマド亡きあとのイスラム世界を率いた

Abu Bakr

生年
573年、メッカ、サウジアラビア

没年
634年、メディナ、サウジアラビア

632年6月8日預言者ムハンマドの死去により、初期イスラム共同体（ウンマ）の指導者として、だれを継承者にするべきかという問題が生じた。この問題は、サキーファ・バニ・サイーダとよばれるサイーダ族の集会において、ムハンマドの身近な助言者であったアブー・バクルを選出することで決着した。

さまざまな意味において、アブー・バクルは後継者にふさわしかった。伝承によると、彼は「攻撃的な性癖のない敬虔な人物」であり、すでにコーランの編纂に着手しており、天才的な軍人でもあった。また、ムハンマドの家族を除き、最初のイスラム教への入信者だったともいわれている。ムハンマドも彼を高く評価し、「つねに真実を語る者」という意味の、アル＝スィッディークという称号をあたえている。さらに、ムハンマドの死に先立つ数日間は祈祷を指導し、これが彼こそ指導者にふさわしいと思わせる決め手になった。

しかしながら、アブー・バクルがカリフの地位についたことにより、ムスリム共同体に今日まで続く亀裂が生じた。スンナ派はアブー・バクルの継承を正当と認めたが、シーア派は、初代カリフにはムハンマドの近親者であるアリーがふさわしいと考えた。この見解の相違は、サキーファの行事のやり方にも向けられる。スンナ派は、ムハンマドの同志が集まり、十分な議論をつくしたうえでアブー・バクルを指導者に選んだと主張した。それに対しシーア派の言い分は、アブー・バクルと仲間のウマルが共謀して、ムスリム共同体の指導者の地位を、ムハンマドの正当な後継者であるアリーから奪おうとしているというものだった。さらに、指導者を決める集会が開かれているあいだ、アリーとムハンマドのほかの親族は、ムハンマドの遺体を埋葬する準備をしていた。集会の開催は通知されず、集会に出席していたのは一部のイスラム教徒だけで、共同体全体の代表者とはいえないと主張した。

最終的に、アリーはアブー・バクルが指導者になることを認めた。アブー・バクルは優秀な軍事指導者であることを証明し、アラブ世界に残っていた反イスラム勢力を一掃したと評価されている。それでも、彼はカリフ在任中に何度か反乱の制圧を余議なくされた。632年から633年にかけての政情不安の時期には、リッダ（背教）戦争として知られる戦いにおいて、数多くの「いつわりの預言者」を打倒するために、一連の軍事作戦を指揮した。

アラブ世界の反対勢力を制圧したあと、**アブー・バクル**は征服戦争にのりだし、イスラム世界の急激な拡大の時代の幕を開けた。その結果100年もたたないうちに、史上最大規模の帝国が誕生した。

アリー・イブン・アビー・ターリブ（アリー）
Ali ibn Abi Talib（Ali）
イスラム教シーア派誕生のきっかけとなる

生年
599年頃、メッカ、サウジアラビア

没年
661年頃、クーファ、イラク

アリー・イブン・アビー・ターリブ（短く「アリー」とよばれることが多い）は、預言者ムハンマドの従弟にあたり、ムハンマドが死亡した時点では、生存しているもっとも近い親族だった。当時のイスラム教徒のなかには、アリーがカリフ（指導者）になるべきだと考える人々がいた。アリーの支持者は、それがムハンマドの遺志でもあると信じていた。なぜなら、ムハンマドは、最後の旅となったメディナへの旅で、随行した親しい同志にアリーを紹介し、「わたしを守護者とする者はみな、アリーをも守護者とするように」と言い残していたからだ。

だが、ムスリム共同体の大多数はこの考え方をしりぞけ、アブー・バクルを初代カリフに選んだ。しかし、これで決着したわけではなかった。アリーは戦いだけはなんとしても避けたいと考えて、アブー・バクルを指導者とすることに同意したが、ムスリム共同体はムハンマドの直系男子が率いるべきだという考えをすてたわけではなかった。

656年に第3代カリフのウスマーンが暗殺されたとき、アリーにチャンスがめぐってきた。当時イスラム社会の中心であったメディナの町は混乱におちいっていた。シーアィットとよばれるアリーの支持者が、アリーに指導者になるよう強く勧めた。アリーはあまりのり気ではなかったが、最終的にこの地位を継承し、第4代「正統カリフ」（アラビア語で「正しく導かれた代理人」という意味）に就任した。

だが、アリーの統治時代は、身内同士の武力闘争と内戦に明けくれた。ムスリム共同体は、預言者ムハンマドの直系（男子）が率いるべきという考えにアリーが固執したことで、すでに緊迫していた状況にさらに拍車がかかった。実際、ムハンマドが撲滅しようと奮闘した種族間のいがみあいが頻発するようになった。ムハンマドの優秀な同志だったズバイルやタルハは、ムハンマドの未亡人アーイシャを味方につけ、アリーに対し反乱軍を率いたが、ラクダの戦い（アーイシャがラクダの背に乗せた輿《こし》から戦況を見守ったことからこうよばれた）で敗北した。

しかしながら、アリーの統治時代におけるもっとも重要な対立は、ウスマーンの従弟でダマスカスの支配者、ウマイヤ家のムアーウィヤとの抗争だろう。戦いは長期にわたって平衡状態が続き、両陣営とも決定的な勝利を宣言することはできなかった。アリーは和議を求めたが、その時点で民衆の支持と領地を失ってしまった。最終的に、アリーの領地はイラクの中央部と南部だけになり、661年クーファのモスクで、アリーに不満をいだいてハワーリジュ派に移った元支持者によって暗殺された。

イスラム教シーア派によると、**アリー**は預言者ムハンマドにつぐ「アッラーの友人」としての地位を得、それによりムスリム指導者として、ムハンマドの後継者にふさわしいと考えられた。シーア派とスンナ派のほとんどの論争の核心には、この問題がある。

イブン・アル=シャーフィイー
Ibn al-Shafi'i
イスラム法学シャーフィイー派の創始者

生年
767年、ガザ、パレスチナ

没年
820年、フスタート、エジプト

現存するシャリーア（イスラム法）の4学派、ハナフィ学派、マーリク学派、シャーフィイー学派、ハンバル学派の創始者のなかで、イブン・アル=シャーフィイーはもっとも偉大な人物と考えられている。彼の思想は、先達や同世代者によって制定された当時の法律の研究から影響を受けたもので、後継者がそれを発展させ、正式な形にまとめ上げた。

イブン・アル=シャーフィイーは、青年期にマーリク学派創始者のマーリク・イブン・アナスから教えを受けたが、イスラム第2の聖地であるメディナにおいて、スンナ（イスラム社会の慣行）が法や宗教的慣習に例示される際の宗教的重要性をめぐり、師と意見が対立した。彼はひとつの都市の例だけをとりあげるのは危険だと主張し、イスラム法の源としてのハディース（預言者ムハンマドの言行録）の重要性を強調した。

とはいえ、アル=シャーフィイーは、ハディースはかならずしも真実の記録とはいえないと考えていた。むしろ、ムハンマドの時代に戻って、それぞれのハディースが敬虔なイスラム教徒から継続的に支持されてきたことを、個別に検証する必要があると考えていた。イスラムの学者たちが、どのハディースが真実で、どれが真実でないかを考えはじめたのは、彼が歴史的正確さを要求した結果である。

アル=シャーフィイーの見解は、イスラム法は預言者ムハンマドがその人生で示した言動の例に根ざすべきで、預言者の人生にできるかぎり近い人生を送ることが、イスラム教徒の義務だというものだった。彼はイスラム法の源として二次的役割を果たすものを、それ以外にあとふたつ認めた。ひとつはキヤース、すなわち現行法から新法をつくり出すために類推によって判断すること（そうすることで、イスラム法がその時代の状況に即したものになる）であり、もうひとつはイジュマー、すなわち共同体の合意である。神はムスリム共同体があらゆる面において誤解されることを許さないだろうから、一般に受け入れられている慣習は、正式なイスラム教の指針として受け入れられるべきだということだ。

マーリク・イブン・アナスやアブ・ハナフィら、アル=シャーフィイー以前の偉大な法学者たちは、結果的に分派と対立をひき起こしたのに対し、アル=シャーフィイーは、イスラム法がある程度体系化されたものとして発展するための枠組みを確立した。

アル＝シャーフィイーのイスラム法へのアプローチ法は、先人の見解がひき起こしたほとんどの問題を解決し、大部分がムハンマドの言動に根ざすイスラム法が、比較的統一された形で発展するためのモデルとなった。

イブン・スィーナー（ラテン名アヴィケンナ）

ギリシア哲学とイスラム哲学を融合

Ibn Sina（Avicenna）

生年
980年、ブハラ、イラン

没年
1037年、ハマダン、イラン

イブン・スィーナーは西洋世界ではアヴィケンナとして知られていて、存在と神にかんする体系的理論を展開したが、その理論は、アル＝ファーラービーら新プラトン主義のイスラム思想家によるところが大きい。彼の理論は、門外漢には超俗的で奇異に感じられるが、それでも彼は、近代以前のもっとも偉大な思想家のひとりとみなされている。

イブン・スィーナーによる神の存在証明を考察してみると、その考え方の一端に触れることができる。彼はアリストテレスの流れを受け継ぎ、存在とは、存在する必要があるか、たんに存在が可能なだけかのどちらかだと主張した。おおまかにいうと、あるものが存在しない世界が存在しえないないなら、それは必然的に存在している。あるものが存在しない世界が存在しうるなら、それは状況しだいで、あるいは偶発的に存在することになる。われわれが日常的に体験している世界は、必然性なき存在であふれていて、それらはたえまなく発生しては消滅していく。イブン・スィーナーの考えはこうだ。こうした偶発的に存在するものも、究極的には必然的存在を前提としている。そうでなければ、存在する必要がないものがなぜ存在するか、その理由を説明できないからだ。結論として、偶発的に存在するあらゆるものの根本原因として機能するために、それ自身の存在の根拠をもつ必然的存在がなければならない。それが神である。

この議論はかなりこみ入ってはいるが、とくに奇妙なものではない。しかしながら、彼の神の概念、そして神と宇宙の関係にかんする概念となると、話は別だ。イブン・スィーナーは「流出説」とよばれる理論に従い、宇宙とはある特定の瞬間に無から創造されたものではなく、もともと必然性のあるものとして存在していて、神の神聖な性質からさまざまに形を変えて姿を現したものだと論じた。言いかえれば、神は唯一の存在で、純粋知性であり、あらゆる現実は神に依存し、論理的関係によって神と結びついているということだ。

この神と、神と宇宙の関係にかんする観念は、イブン・スィーナーのより広範な哲学的考察に大きな役割を果たしている。たとえば、彼はわれわれが世界にかんして知りえることは、究極的に神に依存していると考えた。そして、彼が「能動知性」とよぶ、人間の知識の中枢として神と直結する高次元の知性を提示し、人間が知識を得る能力は、この能動知性とつながる能力によって決まると主張した。預言者はこの能力がきわめて高く、不純な人間や不信心者はあまり高くないというのである。

イブン・スィーナーは、ヘレニズム哲学とイスラム教思想を融合させようとしたが、それは物議をかもした。とくに、そのやり方では神はコーランに記された神と異質なものになってしまうと主張する、アル=ガザーリーから圧力を受けた。

アブ・ハミード・アル・ガザーリー
Abu Hamid al-Ghazali
スーフィズムとイスラム教を統合

当時「イスラムの証明」と称されたアブ・ハミード・アル・ガザーリーは、イスラム教徒初の偉大な知識人といっていいだろう。哲学、神学、法学、それにスーフィズム（イスラム神秘主義）を統合した彼の研究は、人間と神の適切な関係を規定しようとするもので、イスラム教の儀式と習慣を正当化する根拠を提供した。

アル＝ガザーリーをこの研究へ向かわせた動機をひとつあげるなら、それは、すでに確立された神学的・哲学的手法によって、神について多くの知識を得ることは可能に思えるかもしれないが、それでは神を知る、すなわち直接神を体験することはできないという考えだ。11世紀の著作『哲学者の矛盾』のなかで、アリストテレスの論理によって宗教的真実に到達できると考えたイブン・スィーナーらイスラム教哲学者を、彼は痛烈に批判している。

彼はスーフィズム的見地から、一種の神秘的精神状態において、神をかいまみることは可能だと考えていた。

「わたしはあきらかに理解した。神秘主義者とは、実体験をもつ人であり、言葉だけの人ではないのだと…わたしがめざすものは、言葉による教授や学問によって達成できるものではなく、直接体験によって、そして神秘主義の道を行くことによってのみ達成できるものなのだと」

神を直接体験する可能性は、人間の魂の霊的、もしくは神聖な質によって決まる。しかしながら、通常このような体験は、物質世界に対する過度な愛着によってそこなわれてしまう。それゆえ、祈りや宗教的儀式の目的は、魂を救い出し、神との意思疎通の可能性に扉を開くことなのだ。この点にかんしてアル＝ガザーリーが設定した規則は、きわめて正しかった。彼はアリストテレスの「中庸」という概念を採用した。すなわち、人間は過剰な行動と、極端にひかえめな行動をどちらも避けるなら、よいふるまいができる。ゆえに、よきイスラム教徒は、怒り、強欲、物的財産への愛着がひき起こす、不道徳で不埒な行動をひかえるべきである。イスラム教徒の場合、食べ物、衛生状態、睡眠、祈りなどにかんするシャリーアに従い、愛（神への愛と、神をとおした他者への愛）、禁酒、知恵、正義といった美徳を実践すればよい。そうすることで、神に近づくために必要な状態に入っていけるというのである。

生年
1058年、トゥース、イラン

没年
1111年、トゥース、イラン

アル=ガザーリーは著作のなかで、イスラム教の節制と慣習は根拠のない制約ではなく、意味のあるものであり、魂を解放し、神との交流を可能にする効用があると述べている。

イブン・ルシュド（ラテン名アヴェロエス）
哲学者を擁護

Ibn Rushd（Averroes）

生年
1126年、コルドバ、スペイン

没年
1198年、マラケシュ、モロッコ

イブン・ルシュドは、ラテン名アヴェロエスでも知られ、イスラム教正統派から哲学を除外しようとする圧力との闘いに、人生の大半をついやした。彼は宗教的問題を哲学的に思索するのは不敬であるとする当時の一般通念をしりぞけ、これは神が命じたことだと主張した。

さらに、哲学はコーランに反する傾向があるという考えを否定し、昔からイスラム教徒は、コーランには複数の解釈があってよいと認識していたと主張した。

おそらく、哲学的根拠を批判から擁護する彼の姿勢がもっともよく表れているのは、12世紀にアル＝ガザーリーの『哲学者の矛盾』への返答として書かれた『矛盾の矛盾』だろう。アル＝ガザーリーは、イブン・スィーナー（アヴィケンナ）ら哲学者の理論は矛盾し、反イスラム的であることを立証しようとした。アル＝ガザーリーは、コーランに天地創造の記載があることを根拠に、哲学者の世界永遠論を攻撃した。そして、神が行為者であるかぎり、神は無から世界を創造することができ、決断すればふたたび破壊できると考えることは、完璧に理にかなっていると主張した。

アル＝ガザーリーの神の行為者性の概念に対するイブン・ルシュドの批判から、彼が採用した方法論がうかがえる。彼はガザーリーが、神を人間と同じ一時的な行為者と考えた点でまちがいを犯していると論じた。われわれ人間は、なにかをすると決めても、行動に移すのを先のばししようと思えば先のばしできるし、いったんはじめておいて、途中で一度休み、また再開することもできる。しかし、このやり方は神には通用しない。神はつねに存在しており、それゆえに行動を先のばしすることは断じてありえないというのだ。

さらに、イブン・ルシュドによると、神の行動をさまたげる障害となりうるものは存在しないという。神の本質は完璧で不変である。ゆえに、適切な時が来るまで世界の創造を待つと考えることは道理に合わない。実際、神が人間と同じような願望をいだくという考え自体矛盾している。願望の成就によって神の本質に変化が生じることはありえない。

イブン・ルシュドによる宗教的問題の哲学的考察は、ただ攻撃に対する防御に終わらなかった。神の存在を肯定する数多くの議論を生み出し、宇宙が人間の目的に合致していること、そして、あらゆる生きものにあきらかに意図が感じられることは、神が実在する証拠だと主張した。

イブン・ルシュドによるアリストテレスの著作の翻訳と注釈は、アリストテレスを西洋社会へあらためて紹介することとなり、いまも高く評価されている。哲学的根拠を擁護しようとする彼の努力は、当時かなりの反対に直面した。

イブン・アル＝アラビー
スーフィズムを確立

Ibn al-Arabi

生年
1164年、ムルシア、スペイン

没年
1240年、ダマスカス、シリア

「偉大なる師」と称されるイブン・アル＝アラビーは、おそらくイスラム神秘主義の頂点をきわめた人物といえるだろう。しかしながら、彼の著作は難解で、いくとおりもの解釈がなされている。翻訳が困難なこともその理由のひとつだが、彼の思想そのものが複雑で、現代の感性では受け入れがたいせいもある。

たとえば、神に対する彼の信念を考えてみよう。イスラム教の中心原理では、神は永遠不変で、全知全能だとされる。しかしながら、この考え方では、神と人間の日常世界との関係を概念化する際に問題が生じる。神は自身が変化しないのに、どうして世界の変化を知ることができるのか。

アル＝アラビーの答えは、日常世界はある意味において神の一部であり、神の本質、神の不変性の一局面であるというものだ。このように、アル＝アラビーは存在一性論（wahdat al-wujud）を唱え、この世界に顕現している分裂、緊張、矛盾はすべて、実際は唯一の実体の一面にすぎないと論じた。この見解によって、彼は汎神論者（あらゆるものが神の顕現であると信じる人）とみなされている。しかしながら、イスラム教の学者はこの見解を否定し、彼の思想は、汎神論が示唆するものより高尚であると主張する。問題は、この高尚さによって、アル＝アラビーの見解そのものが理解しがたくなってしまったことだ。たとえば、アル＝アラビーの翻訳者であるR・W・J・オースティンは、次のように書いている。

「彼は宇宙と神との関係について、宇宙は神以外のものではなく、また神以外のものではありえないと言っているが、宇宙は神であるとも、神は宇宙であるとも言っていない。彼の存在一性論は…唯一の絶対的存在は、その部分や諸相を合わせたものをはるかに超えており、分化した存在の立場から物事がどのように見えようとも、あらゆる存在はその唯一の絶対的存在以外のなにものでもないというものである…」

アル＝アラビーのすべての観念が、これほど理解しがたいわけではない。真の知識にいたるさまざまな道にかんする議論は、神秘主義の伝統においては、ごく標準的なものだ。彼は知識には３段階あると主張している。おおまかにいうと、理性にもとづく知識、経験的知識、そして神知である。最初のふたつは、３つめの神知に従属し、ある意味神知にふくまれる。とはいえ、人間は自分の意志で神知を獲得することはできない。というより、それは受け入れる準備ができた人だけに示されるものなのだ。

アル=アラビーは、神は遍在し、日常世界は神の一部であるという。しかしながら、神は人間世界から隔離しており、それゆえ世界が変化しようとも、神は不変なのだと考えた。

イブン・タイミーヤ
イスラム教の正統的思想を信奉

Ibn Taymiyyah

生年
1263年、ハッラーン、トルコ

没年
1328年、ダマスカス、シリア

コーランは字義どおりに解釈すべきというイブン・タイミーヤの主張は、多くの同時代および後世のイスラム教徒に影響をあたえた。彼はムハンマドとその同世代の人々、そしてイスラム教徒の最初の３世代によってはじめられ、実践されてきたものこそがイスラム教本来の真意だと考え、これをゆがめようとするものには、なんであろうと真っ向から立ち向かった。

タイミーヤの気に入らないものは、はっきりしていた。モンゴル人、スーフィー、大部分の宗教的神殿、シーア派、そして、コーランの比喩的解釈である。彼は、神について、そして世界に対する神の計画についての唯一の正しい知識の源は、神の啓示であると主張した。必然的に、人間の理性は、コーランやスンナ（ハディースに記されたムハンマドの言行にもとづくイスラム社会の慣行）の教えを正しく理解するために、二義的役割しか果たさないことになる。このような考え方は、哲学的手法を用いて宗教的問題を検討した、イブン・スィーナーらイスラム教思想家への批判につながった。たとえば、哲学的考察を用いずとも、神の属性を知ることは可能だとタイミーヤは主張した。神は「神自身がコーランに述べたとおりに、そして、預言者ムハンマドがスンナに書き記したとおりに」解釈されるべきであり、したがって、コーランに神は玉座に座すと記されているなら、玉座は神の座すところだというのだ。

タイミーヤの批判の矛先は、哲学信奉者だけにとどまらなかった。神秘主義に傾倒する人々やスーフィズムも、哲学者以上に憂慮すべき傾向を示しているとして、厳しく批判した。ここでの彼の主張は、哲学に対する主張とよく似ている。神秘主義に傾倒する者は、強い感情に心をまどわされる。感情が高まった状態で体験したことは、啓示ではなく感情の産物であるために信頼できない。にもかかわらず、彼らはそれを真実だと考える傾向があるというのだ。ここでも彼は、人はコーランとスンナをとおしてのみ、神と神に対する責任について真実を知ることができると主張している。

タイミーヤの考えは当時の宗教的権威には支持されなかったが、一般大衆のなかには熱烈な信奉者が存在した。その思想は、18世紀のイスラム教信仰復興論者ムハンマド・アル＝ワッハーブにも影響をあたえ、そのワッハーブの思想がまた、近代のイスラム原理主義の台頭に影響をあたえた。

タイミーヤは、コーラン直解主義を信奉したことで、異端審問にかけられた。また、神人同型説を唱えた罪で告発された。これは、たとえば神の手、足、顔は人間と同じ形をしている考える思想である。彼はその挑発的な見解のために、何度も投獄された。

ワッハーブ派の創始者
ムハンマド・アル＝ワッハーブ
Muhammad al-Wahhab

生年
1703年、ウヤイナ、サウジアラビア

没年
1792年、ディルイーヤ、サウジアラビア

ワッハーブ派の創始者ムハンマド・アル＝ワッハーブは、当時のイスラム教は外国の影響を受けて腐敗してしまったと考えた。彼の教義は、イスラム教の浄化をめざすものだった。彼はイスラム共同体を、彼が本来の原則とみなすものに立ち返らせ、ビドア（新しく造られたこと）によって生じた変化をすべて除去しようとつとめた。

アル＝ワッハーブは、タイミーヤのコーラン直解主義、それに多神教と解釈できる信念や実践への非難を支持した。たとえば、聖人や預言者への崇拝を避け、その墓への巡礼は不適切だと主張し、ムハンマドの誕生日を祝うことを非難した。

彼の厳格なイスラム教解釈を受け入れないイスラム教徒に対する見解からも、タイミーヤの影響があきらかに見てとれる。アル＝ワッハーブは、このようなイスラム教徒は多神教信者であり、それゆえ真の信仰者ではないと主張した。

しかしながら、ワッハーブを反動的とみなすのは正しくないだろう。彼はイスラム教信仰のしかるべきあり方については厳格だが、イスラム教改革主義者的な一面ももっていて、イスラム教徒は宗教的指導者に盲従するのではなく、コーランやハディースを自分なりに解釈すべきだと述べている。いうまでもなく、この勧告は、イスラム教の原則はムハンマドの言行のなかにあるという信念によるものだ。

アル＝ワッハーブの教義は、初期の段階ではたいして信奉者を引きつけなかった。ところが、アラブの族長ムハンマド・イブン・サウードと盟約を結んだことで、状況が一変した。結果的に、ワッハーブ主義は、サウジアラビア王国の成立と発展に重要な役割を果たすことになる。今日にいたるまで、この国の大ムフティー（スンナ派イスラム教国の宗教法にかかわる官吏の最高位者）は、アル＝ワッハーブの子孫から任命されている。

ワッハーブ主義は、信奉者に相当に厳しい要求を課す。現代の形態においては、イスラム教に反する行為のリストには、人の写真を撮ったり肖像画を描いたりすること、音楽を聴くこと、テレビを見ること、お守りを身につけること、スーフィーの聖者の記念日を祝うこと、呪術を行うこと、神以外の何ものかに祈りを捧げることがふくまれている。

アル＝ワッハーブは、その妥協を許さぬ姿勢から、たとえイスラム教の五行（五柱）に従っているイスラム教徒でも、厳格なワッハーブ主義の教義を順守しないなら、不信心者とみなした。

ムハンマド・イクバール
世界規模のムスリム共同体樹立を主張

Muhammad Iqbal

生年
1877年、スィアールコート、インド

没年
1938年、ラホール、パキスタン

イスラムの偉大な詩人ムハンマド・イクバールは、政治活動でも名を知られている。彼は世界的規模のムスリム共同体、いわゆるニュー・メッカという思想の熱狂的な支持者だった。そこではすべてのイスラム教徒――さらにはすべの人間――が、人種、国籍、カーストの区別から解放され、ひとつになるという。後年、彼はインド北西部にイスラム教独立国家の樹立を要求して有名になったが、その構想は、パキスタン独立への青写真となった。

イクバールは、イスラム教は本来、社会秩序と密接に関連する宗教であり、それゆえ、イスラム教の原理にもとづかない社会で、ムスリム共同体が幸福に存在することは不可能であり、とくに政策が非イスラム的だと、イスラム教徒同士の連帯と、教徒を信仰と結びつけている構造を弱めることになると主張した。そんなイクバールに対し、そのような考えは、深く根づいている分離主義を助長するという批判が浴びせられることもあったが、イクバールはそれを否定し、次のように反論した。

「イスラム教徒にかぎらずすべての人間は、人種や国籍といった誤った認識と決別し、たがいをひとりの人格として扱うならば、地上の神の国に住まうことができるだろう…わたしの目的は、ただ世界的な社会の再構築の実現のみである」

イクバールがとくにイスラム的社会・政治秩序の構築を提唱したのは、不可解である。彼の哲学的著述は、すくなくとも初期のものは、この種の関心とはまったくかけ離れたものに思えるからだ。著作のテーマは自己であり、その主張は、人生の目的は神の意志とのかかわりをとおして自己を高め、完成させることだというものだ。この目的を最大限に達成したのが預言者ムハンマドであり、彼は人類のために模範を示していると述べている。

イクバールは、人間は積極的に、自由と永遠の生命を追求しなければならないと強調した。われわれ人間は「神の代理人」という高貴な地位を享受しているが、それとともに神の意志を実現させるという使命もおびている。献身的なイスラム教徒は、コーランに示された世界の実現に責任をにない、理想的なイスラム社会を生み出そうと努める義務がある。自由の表現としての個人的達成は、イスラム共同体全体への貢献と密接に関連している。それゆえに、政治は重要なのだ。

イクバールは詩人・哲学者として、今日も高く評価されている。また、彼が20世紀の卓越したムスリム思想家であることは、万人の認めるところだ。

イクバールは1947年のパキスタン建国を目にすることなく世を去ったが、その精神的父として、人々の記憶にきざまれている。パキスタンでは、11月9日をイクバール誕生日として祝っている。

アーヤトッラー・ホメイニ
Ayatollah Khomeini
イラン・イスラム革命の指導者

生年
1902年、ホメイン、イラン

没年
1989年、テヘラン、イラン

1979年2月、20世紀最大の転機が訪れた。シーア派の長老アーヤトッラー・ホメイニが、15年におよぶ国外追放のあと、祖国をイスラム共和国として樹立するために帰国したのだ。

この年イランに起こった出来事に世界中が驚いたが、実際のところ、イスラム教政府にかんするホメイニの青写真は、それまでに何度か行われた講義で提示され、1971年に『法学者の統治論』として出版された。この講義でホメイニは、イランは君主制ではなく、イスラム共和国になるべきだと主張した。共和国は聖職者が選ぶイスラム法学者（ファキーフ）によって統治され、その法律はシャリーア（イスラム法）にもとづいたものになるだろう。

イスラム教政府にかんするホメイニの構想は革新的だった。イスラム教シーア派の正統的見解は、隠れイマームが再臨し、神の正義による統治を開始するまでは、非宗教的な国家が大部分の政治問題の責任をになうというものだった（この原則にはいくつか異説があり、イスラム法学者が大なり小なり役割をになうとするものもある）。

ホメイニはこの見解を拒否し、次のように主張した。もしコーランやコーランに記された生き方の規則が施行すべきものと意図されていないなら、神はそれを人間にあたえなかっただろう。さらに、ムハンマドもイマーム・アリーも、シャリーアは隠れイマームの再臨まで、もっとも学識のある法学者によって執行されるべきと考えていた。イスラム教国家樹立の必要性はさし迫っている。なぜなら、放任しておいたら、人類はよきイスラム教徒としての人生を送ろうとはしないからだ。

政治的な面からいうと、ホメイニは短期間でめざましい成功をおさめた。イラン国憲法は、国民投票をへて1979年12月に成立し、最高指導者にほぼ無制限の権力をあたえた。シャリーアはホメイニの監督のもと、革命後の早い時期に導入され、厳密に施行された。

ホメイニの思想の持続的影響を評価するには、時期尚早だろう。しかしながら、世界初のイスラム国家としてのイランの樹立に彼が果たした役割を評価することなく、今日の政治情勢を理解することは不可能なのはあきらかだ。

ホメイニは、法学者によってシャリーアが執行されるイスラム教政府という概念に、強い信念をもっていた。彼の信念は1979年のイラン革命で、世界初のイスラム国家樹立となって結実する。

サイド・クトゥブ
イスラム原理主義を唱道

Sayyid Qutb

生年
1906年、ムーシャ、エジプト

没年
1966年、カイロ、エジプト

サイイド・クトゥブは、おそらく20世紀のもっとも大きな影響力をもつ急進的イスラム思想家だろう。彼が説いたイスラム原理主義は、イスラム教の名における暴力の使用を正当化するために使われてきた。実際、クトゥブの思想はアル・カイダの台頭に重要な役割を果たしたと考える人は多い。

サイイド・クトゥブは、20世紀中頃の著作において、人類は危機の瞬間に到達したと主張した。世俗的な世界観のために、人間は神や宗教を日常生活から隔離したものと認識するようになった。この世俗的な世界観は、すでに西洋では歯止めがきかなくなっているが、やがてイスラム世界を支配するのではないかとクトゥブはおそれていた。たとえば、彼はケマル・アタテュルクによるトルコ支配を深く憂えた。かつてイスラム教国家だった国が、世俗的概念に浸食されるように感じられたのだ。

クトゥブはこう論じている。イスラム教はたんなる信仰を超えたもので、法、統治、倫理観のすべてを包括したシステムである。だが、シャリーアの適用方法が変化したために、ムスリム世界は、イスラム教以前の神を知らぬ無知な状態（ジャヒリーヤ）に戻ってしまった。この状態をくつがえすには、真のムスリム先鋒隊を立ち上げるしかない。彼らはカリフ支配を復活させ、シャリーアにもとづいた社会を構築しようとするだろう。さらにクトゥブは、真にイスラム法に忠実なイスラム共同体を設立するためには、移住（ヒジュラ）による分断という方策しかないと主張した。

クトゥブによると、ムスリム先鋒隊がジャヒリーヤと闘うにはふたつの方法がある。ひとつはイスラムの真実を伝道するというシンプルな方法で、もうひとつは、より議論をよぶものであるが、「身体的な力とジハード（聖戦）」を行使するやり方だ。真のイスラム共同体を復活させる運動は容易なものではなく、苦闘と、犠牲と、殉教をともなうと彼は考えていた。イスラム教のために進んで犠牲になる教徒を「命を賭けて戦いに出ていき、神という大義のもとに命をすてる覚悟がある者は、純粋な心と聖なる魂をもつ、称賛に値する信者である」とたたえている。

クトゥブは、シャリーアにもとづく社会が原始的で野蛮なものになるとは思っていなかった。むしろ、人間の支配者を崇拝するよう強いる非シャリーア社会とは違い、イスラム法に従って組織された社会には、神の神聖な法に従う者しか住めないと考えていた。

クトゥブは、イスラム教徒が心を純粋に保ち、日常生活をふたたび神と結びついたものにするためには、シャリーアにもとづく社会を形成して、ますます世俗的になっていく世界から、自分たちを隔離しなければならないと考えた。

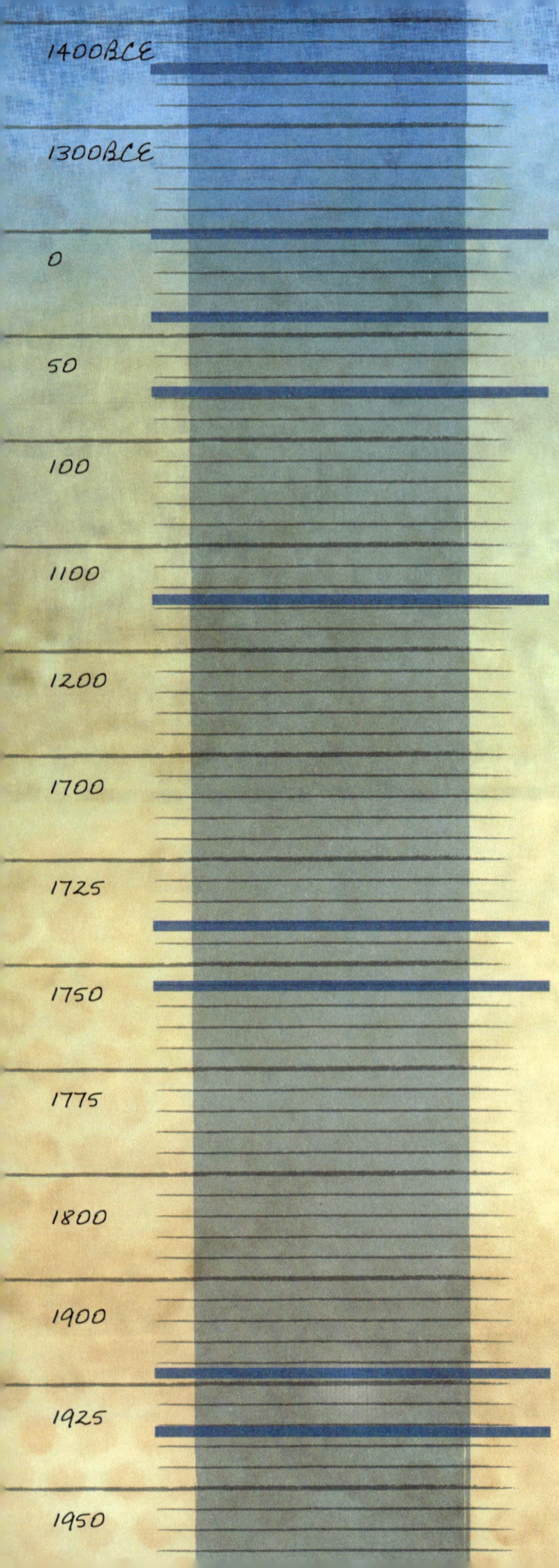

モーセ、シナイ山で十戒を受ける（前14世紀）

ヒレル、聖書学習のための規則を制定する（前30年–後10年）

アレクサンドリアのフィロン、アレクサンドリア住民とギリシアのユダヤ人共同体の紛争解決に尽力（40年頃）

ヨセフス　『ユダヤ戦記』（75年頃）

ラビ・シュロモ・イツハキ、タナハとタルムードの注釈（12世紀）

モーセス・マイモニデス　『迷える者たちへの導きの書』（12世紀）

バール・シェム・トーヴ　『ハシディズム』（1740年頃）

モーゼス・メンデルスゾーン　『哲学的対話』（1755年）

マルティン・ブーバー　『われと汝』（1923年）

モルデカイ・カプラン　『現代のユダヤ教における神の意味』（1937年）

第3章
ユダヤ教

　ユダヤ教は、アブラハムの３大宗教のなかでは最古のもので、その起源は、すくなくとも前10世紀までさかのぼる。ほかのアブラハムの宗教と同様に一神教の性質をもち、唯一神の創造力や道徳的エネルギーが信仰の対象となる。ユダヤ教の思想的・文化的歴史の豊かさは、ここにとりあげた指導者や思想家の人生、業績、概念に表れている。

教典

教典とは、世界の諸宗教の聖なる書物を総称する言葉である。教典の例としては、ユダヤ教のトーラー、キリスト教の新約聖書、イスラム教のコーラン、ヒンドゥー教のシュルティ、儒教の論語があげられる。

これらに共通するのは、どれも信者から神聖な書物とみなされていることで、実際、信者のあいだでは、教典には神が啓示した世界がそのまま描かれていると信じられていることが多い。たとえば、ユダヤ教の伝承では、トーラーの内容は、ヤーウェが直接モーセに語り、モーセがそのまま書きとったものということになっている。同様に、イスラム教徒は、コーランは天使ガブリエルをとおして預言者ムハンマドに伝えられた、アッラーの聖なる言葉だと信じている。

このふたつのケースには興味深い対比があり、信者の教典に対する態度はさまざまであることを示している。ユダヤ教信者のなかで、トーラーはモーセひとりが書いたものだと今も信じている者は多くない。実際のところ、そもそもトーラーに神の聖なる言葉が書かれていることを否定するユダヤ教神学者さえ存在する。だが、イスラム教世界では、このようなことはありえない。コーランはアッラーの言葉がムハンマドに伝えられたものであるがゆえに、自己証明的だというのがイスラム教の正統的見解だ。イスラム教神学者によると、イスラム教徒全員がコーランにはアッラーの真実の言葉が書いてあると認めている（アッラーの言葉とは何か、あるいはどうやって確認するかについては議論があるが）のだから、イスラム原理主義などというものは存在しないということになる。

おそらく、聖なる書物の権威を示すもっとも興味深い例は、シーク教の教典グル・グラント・サーヒブだろう。第5代グルのアルジュン・デーヴによってはじめて編纂されたこの書物には、シーク教の聖なる賛歌と言葉がおさめられている。これを最終的に現存する

「ユダヤ教は、救済に不可欠な永遠の真実が、われらだけに啓示されたことを、また、ユダヤ教がこの言葉が一般に理解されている意味において啓示宗教であることを、自慢げに語らない」

モーゼス・メンデルスゾーン

形に編纂したのは第10代にして最後のグル、ゴービント・シングで、彼は自分の継承者はいかなる人間でもなく、この聖典であると宣言した。そのため、シーク教徒はグル・グラント・サーヒブを、まるで生きたグルのように扱う。こういう事情から、シーク教には聖職者の階級制度が存在せず、シーク教寺院の中ではだれもがグラントを読むことができる。このことは、シーク教が平等と普遍性を重要視していることを実証している。

しかしながら、宗教的信仰には、かならずしも特定の教典に書かれた真実を信じることが必要だというわけではない。たとえば、キリスト教の非実在論者のなかには、神の存在は象徴的（あるいは、文化的）なものだと考える者がいる。この考え方でいくと、聖書は比喩的に読むべきもので、まるで真実の収納庫のように考える必要はないことになる。聖書は神聖な書物ではあっても、神の啓示だという証拠はないのだ。このことは道教や儒教の教典にもあてはまる。これらは人間が人間のために書いたもので、もともとそういうものと考えられてきた。しかしながら、たとえ神の啓示の言葉でなくても、これらは長い年月のあいだにきわめて聖なる地位を獲得し、ほかの宗教の教典と変わらぬ崇敬を受けている。

モーセ

Moses

ユダヤ人を奴隷状態から解放した

生年
前14世紀頃、エジプト

没年
前13世紀頃、モアブ、ヨルダン

おそらくユダヤ教の歴史における最重要人物であるモーセは、ヘブライ人がエジプトの支配に隷属して生きていた時代に生まれた。伝承によると、モーセは生まれて80年ほどたったとき、燃える柴のなかで神（ヘブライ語でヤーウェ）に出会い、ヘブライ人を奴隷状態から解放せよという命を受けた。

モーセがこの使命を達成したのは、エジプトがヤーウェの手による数多くの災難にみまわれ、紅海がふたつに割れて、モーセがヘブライ人たちとともに渡ることができたのちのことだった。彼らのとりあえずの目的地はシナイ半島だった。ここでモーセはシナイ山に登り、40日間ヤーウェとともにすごしたあと、２枚の石板を持って降りてきた。その石板には、十戒として知られる、ヤーウェとヘブライ人との契約を表す10の戒律がきざまれていた。

この契約には、味方をしてくれた神に対するヘブライ人の恩義が表れている。ヤーウェはエジプト支配の暴虐から、ユダヤ人を救い出してくれた。だからそのお返しに、ヘブライ人はヤーウェに忠誠を誓ったのだ。

それで十戒は、ヤーウェの絶対的優位を表明する、次のような宣言ではじまる。

「わたし以外の何者も神としてはならない」

現代の西洋人の感覚からすると、この言葉はとくに衝撃的なものではない。しかし、多神教が常識だった当時、これは事実上の一神教の宣言であり、この宣言によって唯一神の宗教としてのユダヤ教が確立した。さらに、イスラエル人にヤーウェの偶像をつくること、みだりにその名を唱えることを禁じる命令をくだしている。十戒には、ほかにも安全で安定した共同体を築くという目的にそった命令が多数ふくまれている。

しかし、モーセは気づいていた。贖罪というシステムの支えがなければ、十戒は正しく機能しないだろうと。それで彼は神殿を建て、祭司職を制定した。祭司には贖罪の儀式をつかさどる資格をあたえ、そうして正式にユダヤ教という宗教が誕生する基盤をつくった。伝承ではトーラー（ヘブライ聖書）の著者はモーセであり、神が直接モーセに書きとらせたとされているが、現代では複数の人間によって書かれたと考えられている。

ユダヤ教聖書によると、**モーセ**はユダヤ人をエジプトでの奴隷状態から解放し、砂漠に率いていき、シナイ山の山頂で神から十戒を授かったとされている。

ヒレル
聖書解釈の基準を確立

Hillel the Elder

生年
前60年頃、バビロン、イラク

没年
後10年頃、エルサレム

ヘロデ王と同じ時代に生きたユダヤ人の賢人ヒレルは、聖書解釈の明確な基準を制定する責任を負った。それが「ヒレルの７つの基準」で、何世紀にもわたり大きな影響力をもった。ヒレルは平和を愛し、あらゆる人の友人であり、献身的な教師であるとともに、ユダヤ教聖書の情熱的な研究者であり、忍耐と自制の人として名を残している。

歴史が彼の人格を誇張してきた可能性はあるが、ヒレルは他者のなかに、そして、より広くユダヤ教のなかに、まさに彼の特性といわれていたこれらの特性を見出し、尊重した。

ヒレルは兄弟愛こそ、ユダヤ教の核となる真理だと考えていた。この「黄金律」、すなわち、自分が人からしてほしいと思うことを人にせよという勧告は、ほとんどの主要な宗教や現代の倫理思想に見ることができる。

彼はまた、聖書と法律を学ぶ重要性を熱心に提唱した。ある文献によると、ある日ヒレルはエルサレムの街頭に立ち、働きに出かける人々に声をかけて、いくらかせいでいるのかとたずねた。相手が答えると、彼は「トーラーを学んだら、もっと豊かな暮らしができるようになるぞ。トーラーを学べば、この世と来世で必要なものはすべて手に入るのだから」とすすめたという。

ヒレルはトーラーの熱烈な信奉者だったが、トーラーの解釈を制限することはなかった。同世代のライバルである律法学者シャンマイとは対照的に、ヒレルはリベラルな解釈を提唱したため、彼の裁定はその時代の社会経済的状況に合致したものになった。一例をあげると、当時聖書の解釈にもとづいた反対の法律があったにもかかわらず、彼はプロズブル（債権者に融資の返済を保証する法律）を制定し、貧困者に金を貸すと、その金を失うことになるのではないかという債権者のおそれをとりのぞいた。

ヒレルとシャンマイはそれぞれ異なった解釈の基準を採用し、それはふたりの死後も、ヒレル派とシャンマイ派の弟子たちに受け継がれた。タルムードには、この２派のあいだに存在した300以上の意見の相違が記録されている。ごくわずかの例外を除き、ヒレル派の見解が法的基準として確立された。ヒレルはユダヤ人の生活に大きな影響をあたえ、パレスチナのユダヤ人指導者は、５世紀までヒレルの弟子がつとめた。

ヒレルは「7つの基準」で、聖書研究の方法論を制定した。これは彼の死後も長期にわたり、大きな影響力をもちつづけた。

アレクサンドリアのフィロン
Philo of Alexandria

ギリシア哲学とユダヤ教を融合

生年
前15-10年、アレクサンドリア

没年
45-50年、アレクサンドリア

アレクサンドリアのフィロンによると、人生の目的は神を知ることだという。とはいっても、フィロンの哲学において、神を知るという課題は決して簡単なものではない。問題は、神の本質を知ることは、人知を超えているということだ。

フィロンは、神とは万物のなかでもっとも完璧で善なるものだと考えた。

「真の生ける神は、万物のなかで唯一のもっとも完璧な存在である。神から世界に、そして、世界の中の物や人の上に、あらゆる特別な恩恵が、泉のようにふりそそいでいる」

フィロンはまた、神はすべてを超越した存在だと断言した。神は時間のなかにも、空間のなかにも存在しない。神は属性をもたず、人間の知覚を超越している。フィロンはこの概念の意味を伝えるために、『出エジプト記』３章14節で神がモーセに語った言葉、「わたしはあるという者だ」を引きあいに出している。

フィロンは、神はある意味、人間や世界と隔離していると考えていた。しかし、いささか逆説的ではあるが、神は創造者ならびに維持者として、この世界とつながっているとも考えていた。この明らかな矛盾の折りあいをつけるために、彼は「ロゴス」とよばれる概念をもち出した。この概念が真に意味するところは明らかではない。フィロンの著作の解説者の多くは、彼のこの概念の使い方には一貫性がないと指摘している。おそらく、ロゴスとは、神性のなかで人間の思考がアクセスできる面——世界に内在し、同時に世界を超越している面——と考えるのがもっとも妥当だろう。

では、人間はどのようにロゴスにアクセスするのか。そのメカニズムにかんするフィロンの考えには、神秘主義の要素が感じられる。彼は「醒めた酩酊状態」、すなわち人が永遠の領域に入った状態について語っている。実際、彼はこの状態において神を直接理解することは可能だと示唆している。

ストア哲学の影響を受けた、完璧に倫理的な人生というフィロンの概念には、情欲を克服し、理性の行使によって得られる知恵に従って生きることがふくまれる。情欲の奴隷となり、決して満たされない欲望に駆られて生きるなら、倫理的堕落の結果として、理性的な判断力を失うことになるだろう。それに対し、道徳的に生きるには、冷静さと節度が必要だが、それは神の知恵に従うことだとフィロンは考えた。

フィロンの著作は、中世のユダヤ人哲学者には知られていたが、再評価されたのは16世紀に入ってからだ。彼の考え方は、ギリシア哲学の概念とユダヤ教思想との融合が可能であることを示した。

ヨセフス

Josephus

ギリシア・ローマ時代を詳細に記録

生年
37年頃、エルサレム

没年
100年頃、おそらくローマ、イタリア

現在われわれが読むことができるギリシア・ローマ時代の歴史書のなかで、ヨセフスの著作はもっとも包括的なもので、この時代におけるユダヤ教の歴史と、初期キリスト教の発展にかんする、きわめて有益な情報を提供している。

フラウィウス・ヨセフス、本名ヨセフ・ベン・マタティアは、ローマ支配下にあったエルサレムに生まれた。66-73年のユダヤ戦争においては、ユダヤ軍の指揮官としてガリラヤで戦った。ローマ軍が勝利をおさめたあと、彼はローマ軍司令官ウェスパシアヌスの前へ引き出され、そこでちょっとした術策を用いた。ウェスパシアヌスは偉大な皇帝になると予言したのだ。このとっさの機転で、ヨセフスは命びろいをする。2年後、ウェスパシアヌスが現実にローマ皇帝になると、ヨセフスは釈放されてローマ市民権をあたえられ、皇帝の側近にとりたてられた。

ヨセフスの評価が分かれるのは、こうした事情による。その偉大な著書『ユダヤ戦記』（75-79年）は、彼がローマ側の歴史的記録を利用できたからこそ書けたものだが、そのなかで、ユダヤ戦争における殺戮の責任は、ローマ側ではなく、主としてゼロテ派など狂信的ユダヤ人にあると主張している。

しかしながら、ヨセフスはその一生を通じて、ユダヤ人の幸福を気にかけていた。たとえば、『ギリシア人に反して（Against the Greeks）』（93年）ではユダヤ教を弁護し、ユダヤ人の慣習を、ギリシア人の慣習と比較して好意的に論じている。また、『ユダヤ古代誌』（93年）では、非ユダヤ人に向けて、ユダヤ人の歴史、法律、慣習について解説を試みている。彼の著作のもっとも重要な特徴は、非キリスト教徒である著者が、イエス・キリストの存在に言及した、1世紀における唯一の資料だということだ。

「さてこのころ、イエスという賢人——実際に、彼を人と呼ぶことが許されるならば——が現れた…彼こそはクリストス（キリスト）だったのである。ピラトスは、彼がわれわれの指導者たちによって告訴されると、十字架刑の判決をくだしたが、最初に彼を愛するようになった者たちは、彼を見捨てようとはしなかった。すると彼は、三日目に復活して、彼らの中にその姿を見せた」

［『ユダヤ古代誌6』（秦剛平訳）］

ヨセフスに対するユダヤ人の評価には、かなりのばらつきがある。ヨセフスの批評家は、ローマ人の侵略者と共謀したという理由で、彼を裏切り者とみなしている。とはいえ、ヨセフスがこの時代におけるもっとも重要で興味深いいくつかの著作を生み出したという事実には、疑いの余地はない。

ヨセフスは、ローマ人と共謀したとして多くの批判を浴びたが、当時のローマ社会で身を立てる現実的な方法としては、あのような形で申し開きをするしかなかったのだと弁護する者もいる。

ラビ・シュロモ・イツハキ
Rabbi Shlomo Yitzchaki
教典の注釈家

生年
1040年、トロワ、フランス

没年
1105年、トロワ、フランス

ラビ・シュロモ・イツハキはラシともよばれ、タルムードやタナハの注釈を著した。その注釈は今日でも影響力を保ち、教典の注釈書で、その重要性においてこれを超えるものは現れていない。

ラシの教典の解釈は、できるかぎり原文の意味を明確に、簡潔に述べていくことを旨とした。わかりにくいと感じた言葉を、苦心して簡単な言葉で説明していった。日常生活からたとえを引いて、原文の意味を説明することもあった。わかりやすくするために、だれもが知っている食べ物や飲み物を例にあげた。さらに、これなら生徒がその意味になじみがあるだろうと、実在するラビの話を使ったりした。たとえば、『出エジプト記』１章１節には、以下のような注釈がつけられている。

「ここには、ヤコブとともに、一家をあげてエジプトへくだったイスラエルの子らの名前があげてある…聖書では、彼らが生きているうちに名前が列挙されているが、その死にのぞんで、ふたたび名前が列挙されている。このことから、神が彼らのことをいかに大切に思っていたかがわかる。なぜなら、神は彼らを星になぞらえているからだ…」

ラシのタルムードの注釈のとくに画期的なところは、難解な文章を、一般のユダヤ人が理解しうるものにしたことだ。その作業は、それ以前の注釈者がだれもなしえなかったほど、微に入り細をうがっていた。作業を楽にするために省略や言いかえを用いたりせず、原文を１句１句検討している。彼のタルムードやタナハの注釈は、原文にぴったりよりそったものになっている。

ラシの注釈は、こうした教典のほとんどすべての版に掲載されていて、アシュケナージ系ユダヤ人にも、スファラディ系ユダヤ人にも受け入れられてきた。ラシの死後2000年にわたり、フランスやドイツの多くのタルムード学者が、ラシの注釈の分析と研究に生涯を捧げた。ユダヤ人社会におけるラシの重要性は、どれほど評価してもしすぎることはないだろう。ラシの死後出版されたラビによる著作の大部分は、異論を唱えるにせよ、著者の見解の裏づけに用いるにせよ、ラシの注釈を引用している。

ラシによる教典の注釈は、フランシスコ修道会の聖書解釈の教師であり実践家のニコラス・ドゥ・ライラにも大きな影響をあたえた。そして、そのライラの著作を、今度はマルティン・ルターがウルガタ（ラテン語訳聖書）をドイツ語に翻訳する際に、ひんぱんに引用している。

モーセス・マイモニデス
聖書直解主義を拒絶

Moses Maimonides

生年
1135年、コルドバ、スペイン

没年
1204年、エジプト

中世のもっとも偉大なユダヤ人思想家モーセス・マイモニデスなら、今日一般的となっている聖書直解主義にはまるで共感しなかっただろう。彼は、聖書の話の多くは、書いてあるとおりの意味をもつように思えるとは認めていた。しかしながら、実際のところ、宗教的真実を識別するのはむずかしいことが多いと述べている。

たとえば、聖書の神の特徴を擬人化する傾向について考えてみよう。マイモニデスは、これは字義どおりに解釈すべきではないと考えた。たとえば、聖書には神の姿が現れる瞬間が記されているが、これは視覚的目撃というよりは、むしろ知的到達を意味している。同様に、聖書には預言者が神の声を聞く場面があるが、これは聴覚的現象をさしているのではなく、預言者が、神の要望を理解できる段階に到達したことを表しているのだという。

聖書には真実がふくまれてはいるが、ただちに判別できないという示唆は、ではどうやって真実を確認すればいいのかという疑問をひき起こす。マイモニデスが偉大な著書『迷える者たちへの導きの書』で示した答えは、啓示された神の意志は、つねに理性と調和する。だから、理性が教えるものと聖書に書かれたことが矛盾するときは、もう一度聖書を読みなおし、どこで解釈を誤ったかをつきとめる必要があるというものだ。それゆえ、マイモニデスは、もし自分が物質は永遠であると考えるアリストテレス派と同意見なら、聖書の天地創造の記述への自分の見解を調整するのはむずかしくなかっただろうと述べている。

『迷える者たちへの導きの書』は難解な著書である。実際のところ、故意にあいまいにされているのだ。マイモニデスが、提示した答えを理解できるほどの素養のない人々が、自身の信仰に疑問をいだくことがないようにと配慮したからである。とはいえ、彼の著作がすべてこれほど難解なわけではない。たとえば、彼はミシュナ（ユダヤ教の律法集）にかんするラビの議論によって提起された哲学的問題をとりあげ、いくつか随筆を書いている。『信仰に関する13の論説』におさめられた随筆のひとつは、ユダヤ教の教義をとりあげている。ユダヤ教の信仰個条――拘束力をともなう一連の法――は存在するというマイモニデスの意見は物議をかもし、今日にいたるまで解決されていない。

それでも、マイモニデスの思想家としての評価は高い。その哲学的な著作は、現代においても読者の関心を引きつけ、彼はユダヤ教の伝統において、「第２のモーセ」とたたえられている。

『信仰に関する13の論説』で、**マイモニデス**はユダヤ教の教義をとりあげているが、そこには完璧な創造主である神は存在し、神は預言者をとおして語りかけるという概念が述べられている。

ラビ・イスラエル・ベン・エリエゼル

Rabbi Israel ben Eliezer

ハシディズムの創始者

生年
1698年、オコプ、ウクライナ

没年
1760年、ミェンジブシュ、ウクライナ

ハシディズムの創始者であるラビ・イスラエル・ベン・エリエゼルは、バール・シェム・トーヴでの名の方がよく知られている。彼は汎神論的立場をつらぬき、神は宇宙に内在している、言いかえれば、万物のなかに神がふくまれていると考えた。

この概念からは、いくつもの見解が生まれた。まず、万物に神の顕現がふくまれているなら、万物に善が宿っていることになる。ゆえに、彼は、キリスト教の正統的見解とは対照的に、人間は生まれつき善であると説いた。さらに、まるで罪が下劣な性質の反映であるかのように罪人を非難するのではなく、罪を犯した人をさとし、罪はもって生まれた悪ではなく、愚かさによってひき起こされたものであることを教えるべきである。ゆえに、救いがたい人間は存在しないと彼は主張した。

神はすべての人に内在しているという考えからは、別の結論も生まれた。たとえば、18世紀なかばにおいては、正統派ユダヤ教徒が断食などの苦行をすることはごくあたりまえだった。しかしながら、彼は禁欲や苦行に反対する立場をとり、体をいたわることは重要だと考えた。人間の体に神が宿っているのであれば、体が聖なるものに反することはありえないからだ。

また、その万有内在神論から、人間には神聖な精神で人生を生き抜く義務があり、世俗的行為もすべて神の顕現であるから、このことをふまえて生きるべきであると説いた。彼の教義は、当時のユダヤ主義に対する批判だった。18世紀、迫害を受けたヨーロッパのユダヤ人の多くは、内面的な霊的生活をおろそかにし、タルムードの学問的研究に逃避していた。バール・シェム・トーヴは、このやり方は宗教的献身の性質をとり違えており、宗教的献身には霊性の尊重と神の愛の自覚が必要だと主張した。

重要なのは、彼の教えは、まったく教養のないユダヤ人でも理解できるものだったということだ。神を愛し、ユダヤ人を愛し、祈りの精神で生きていけば、偉大な霊性を獲得できると教えたのだ。

バール・シェム・トーヴが創始したハシディズムは、儀式、信仰のよろこび、法悦を尊重する新しい宗教色をもつ。これは大きな運動になり、現在もユダヤ世界の一大勢力でありつづけている。

バール・シェム・トーヴは、祈りとは人間が神とひとつになれる意識状態であり、内在する神が宗教的喜悦とともに心を満たすと信じた。

モーゼス・メンデルスゾーン
Moses Mendelssohn

ユダヤ人の解放運動を促進

生年
1729年、デッサウ、ドイツ

没年
1786年、ベルリン、ドイツ

ドイツ系ユダヤ人の哲学者モーゼス・メンデルスゾーンは、ユダヤ教を擁護したことでもっともよく知られている。信教の自由をうたった彼の主張は、解放を求める啓蒙運動の理念への献身とあいまって、ドイツ系ユダヤ人の解放運動を大きく促進した。

メンデルスゾーンの名が世に出たのは、ほとんど手違いのような経緯による。友人の啓蒙主義の劇作家で哲学者のゴットホルト・レッシングが、メンデルスゾーンの『哲学的対話』(1755年)の出版を、著者に断わりもなく引き受けてしまったのだ。メンデルスゾーンの哲学的随筆家としてのキャリアは、こんな形でスタートした。

ユダヤ人はヨーロッパのいたるところで社会から疎外され、宗教的習慣だけでなく、市民権にも制限が課せられていた。その権利を拡大し、市民権を認めて、差別待遇から解放することは、ユダヤ人を社会に統合するプロセスだった。メンデルスゾーンは、ドイツ系ユダヤ人の解放を追求する一方で、モーセ五書をはじめとする聖書のドイツ語への翻訳に着手した。その意図は、ユダヤ人をドイツ文化に完全に溶けこませることだった。彼の翻訳はまたたくまに知れわたり、ユダヤ人のヨーロッパ世俗社会への統合の促進をめざすハスカラ(ユダヤ啓蒙運動)の誕生に貢献した。

メンデルスゾーンのもっとも重要な著作『エルサレム』(1783年)には、信教の自由を求める力強い主張がこめられている。そのなかで彼は、国家は市民の宗教的信念に干渉する、いかなる権利ももたないことを論証しようとした。実際、信仰にかんするかぎり、「どちらも教え、指導し、勇気づけ、意欲を起こさせなければならない」という点で、国家は教会とまったく同じ立場にあった。しかしながら、市民の行動の規制に対してはあてはまらなかった。当時国家は強制力を独占していたのだ。市民社会が複雑になると、常識に訴えるだけでは統治はむずかしくなる。それで国家は、確実に市民に正しい行動をとらせるために、報奨と罰則というシステムに頼るようになる。だが、このやり方は宗教には通用しない。

信教の自由に対するメンデルスゾーンの傾倒は、自由と解放という啓蒙運動の目標と結びついたものだった。彼は、卓越した道徳性と知性を獲得するためには、人間にはまちがいを犯す自由、目標を追求する自由、信仰をもつ自由が必要だと信じていた。とはいえ、メンデルスゾーンはこのように自由主義を標榜しながらも、ユダヤ教がしかるべき人生を生きるための規則を設定している範囲において、ユダヤ教の啓示の独自性と価値に傾倒していた。

メンデルスゾーンは、ユダヤ教への傾倒と、合理性や近代西洋文化への適応を両立させようと懸命に努力し、ドイツ系ユダヤ人の解放運動を大きく促進した。

マルティン・ブーバー
実存主義とユダヤ教を融合
Martin Buber

生年
1878年、ウィーン、オーストリア

没年
1965年、エルサレム、イスラエル

実存主義のユダヤ人哲学者であり、神学者でもあるマルティン（モルデカイ）・ブーバーは、1923年に出版された有名な論文『われと汝』で発表した、宗教的実存哲学によってもっともよく知られている。

「われと汝」の関係を構成するのは、ふたりの人間のあいだの、相互の、開かれた、真の人間関係である。それはごまかしのいっさいない、ひとりとひとりの人間の、決定的な出会いを意味している。「われと汝」の関係とは、たとえば恋人同士や母親と子どものあいだに存在するような、純粋な本音の相互関係である。この概念は、人対人の関係だけでなく、人と動物や植物、あるいは偉大なる汝である神との関係にもあてはまる。

ブーバーによると、人間と神のあいだに存在しうる唯一の関係が、「われと汝」の関係である。神について真実を語ること、あるいは正確に描くことは不可能だが、聖なる啓示において神と出会うことは可能である。ブーバーは、すべての「われと汝」の関係は、最終的には神との相互関係に結びつくと論じている。

「われと汝」の関係のほぼ対極にあるのが、「われとそれ」の関係だ。ブーバーはこれを、人間同士の出会いというよりは、物との対面とみなした。「われとそれ」の関係には、相互関係も、平等性も、真の出会いもない。それどころか、ひとりの人間が相手によそよそしい客観的な態度でかかわり、どれほど役にたつかという観点から観察する。まるで、世の中のデータを検討する科学者のやり方である。ブーバーに言わせると、このような関係の対象は、頭のなかに自分でつくり出した像でしかない。ゆえに、「われとそれ」の関係とは、人との出会いや対話というよりは、自分自身に対するひとり言なのである。

ブーバーは、人は「われと汝」か「われとそれ」か、どちらかの観点から、つねに世界とかかわっていると論じ、「実生活はすべて出会いである」と断言している。しかしながら、「われと汝」の出会いはまれなものだと考え、「われとそれ」の関係の増加を嘆き、そのせいで人間の存在が意味のないものになってしまったと主張している。ブーバーの意見に従うと、われわれは可能なかぎり「われと汝」の関係で人とかかわるようつとめ、「われとそれ」の関係は、ほかに手段がないときのみにとどめるべきなのである。

ブーバーの考え方は、キリスト教徒にもユダヤ教徒にも、好意的に受け入れられた。彼の遺産としては、その宗教的実存主義の偉大な業績のほかに、たとえ敵対する相手に対しても心を開いて対話を試み、橋をかけようとした姿勢があげられる。

モルデカイ・カプラン

再建派の創始者

Mordecai Kaplan

モルデカイ・カプランのユダヤ主義は一風変わっていて、この世の出来事に干渉する力をもつ、超自然的な神の存在を否定している。ユダヤ人は特別な目的のために「選ばれた」民族だという観念を認めず、ユダヤ教の由緒ある儀式や行事は神聖なものという考えをも否定した。そして、「過去は、投票権はもっているが、拒否権はもっていない」と主張した。

カプランがこうした考えにいたったのは、ユダヤ教の危機を感じてのことだ。自然主義の出現により、ある種の宗教的信条が成り立たなくなった。とくに、ユダヤ人にとって伝統的ユダヤ教神学の真理は、もはや受け入れられないものになってしまった。そのため、神は超自然的な存在である、トーラーは神の啓示である、神は自然界に干渉する、人間はその行いによって来世で賞罰を受けるといった信条を、過去のものにする必要があった。

とはいえ、カプランは、ユダヤ教そのものを放棄すべきと考えたわけではない。それどころか、現代のユダヤ社会の状況を正しく反映するよう、ユダヤ教を再建しなければならないと考えた。この目標が達成できたなら、ユダヤ教は、ユダヤ人共同体を統合し、ユダヤ人のアイデンティティを高める役割を果たすだろう。

この考えは、フランスの社会学者エミール・デュルケームの影響を受けたものだ。デュルケームの見解は、宗教は、それが根づいている社会集団の集団アイデンティティを反映し、かつ強化するというものだ。よってカプランは、伝統的なユダヤ教の考え方をくつがえし、神ではなくユダヤ人社会を自身の神学の中心に置いた。

彼はほかのユダヤ教の伝統的概念に対しても、同じく再概念化の戦略を用いた。たとえば、神の啓示には、普遍的な人間の資質を反映した伝統的信念という側面があることを確認する必要があり、それを現代の信念体系に統合すれば、現代的妥当性をもたない一部の伝統を破棄できると考えた。

カプランの考え方は、20世紀後半に出現した再建派の基盤となった。多くの学者がカプランはユダヤ教が今日直面している問題を的確に提示したと考える一方で、無神論の域へ舵《かじ》を切りすぎたとみる向きもある。

生年
1881年、シュヴェンチョニース、リトアニア

没年
1983年、ニューヨーク、アメリカ

カプランは、現代のユダヤ教は、現代社会の価値観や環境を反映したものでなくてはならないと確信していた。この考えは、ユダヤ教をより現代社会に適応したものにしようとする人々にとっての中心的観念となった。

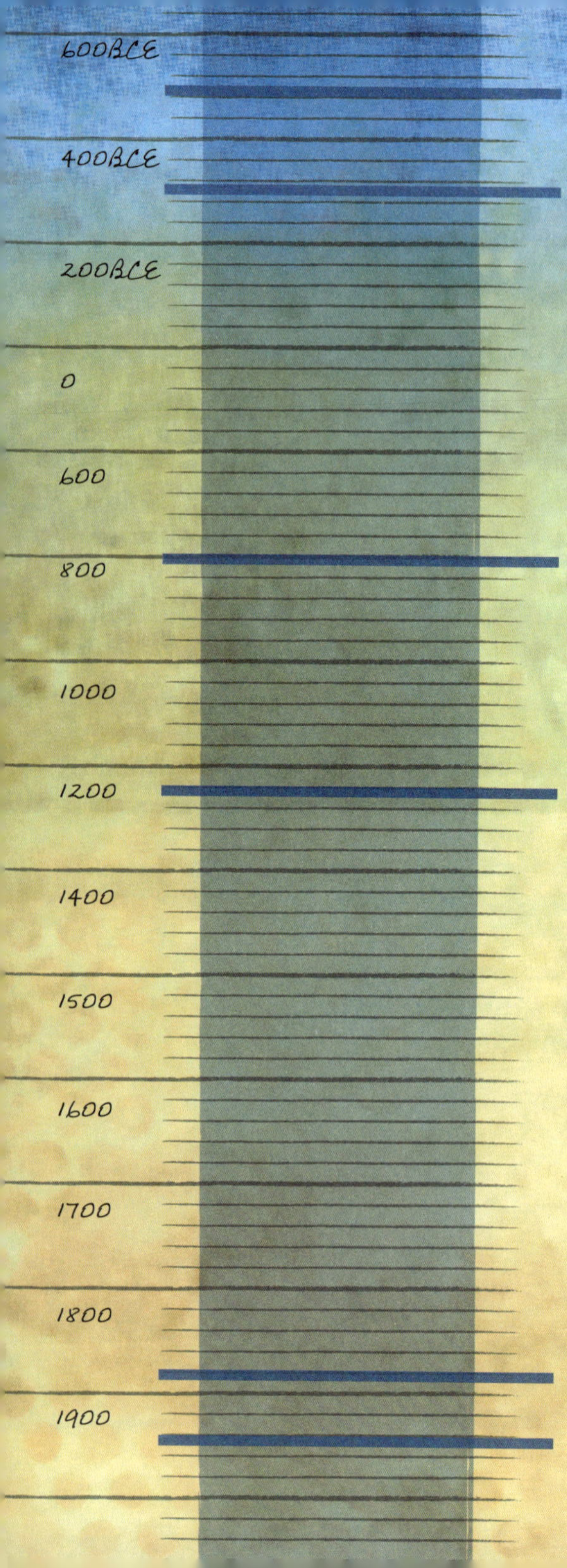

ゴータマ・ブッダ、仏教を創始（前５世紀）

ヴァスバンドウ、瑜伽行唯識学派《ゆがぎょうゆいしきがくは》の教義を大成（前４世紀）

シャンカラ『ブラフマ・スートラ注釈』（800年頃）

道元、曹洞宗を創始（13世紀）

ラーマクリシュナ僧院の創立（1886年）

マハトマ・ガンジーの非暴力運動、インド独立を勝ちとる（1947年）

第4章
ヒンドゥー教と仏教

ヒンドゥー教は、世界の主要な宗教のなかで最古のものであり、そのルーツは鉄器時代のインドのさまざまな古代の伝統にある。仏教もインド亜大陸で誕生したが、ヒンドゥー教とは異なった多くの教義をもつ(たとえば、ヒンドウー教徒は多数の神々を崇拝するが、仏教徒にはそもそも創造主という観念がない)。本章でとりあげる偉大な聖人たちは、今日においても、世界の何百万もの人々にインスピレーションをあたえている。

理神論

理神論とは、理性の行使のみによって、神の存在を理解することは可能だとする概念である。この認識からすると、われわれが神を知るうえで、啓示はなんの役割も果たさないことになる。理神論には、神は宇宙を創造したのち、あとは宇宙が自身の法則で運行するのにまかせて姿を消したという考え方もある。

姿を消した神は啓示の役割を果たさないので、２番目の理神論者は１番目の理神論者でもあるといっていい。しかしながら、１番目の理神論者が、かならずしも２番目の理神論者である根拠はない。理神論は、人格をもった神が宇宙に、そして人間の人生に存在するという概念とまったく矛盾しない。ただ、人間は理性の行使によって、この考えに到達できると主張しているにすぎない。

理神論は17世紀後半、科学と理性に対する信頼の高まりを背景に、イギリスで隆盛期を迎えた。最初の提唱者エドワード・ハーバートは、有史以来人間には宗教的観念が生来そなわっていたと主張した。それには、至高の存在を信じる気質、神を崇拝する（そのために敬虔で善なる人生を生きる）必要性、来世を信じる気持ち、生き方によって賞罰があたえられるという信念がふくまれる。ハーバートによると、あらゆる宗教的献身の中心にこうした観念があり、理性で理解しうる「自然宗教」を形成しているという。

アンソニー・コリンズやマシュー・ティンダルら、ハーバートに続く理神論の思想家には、まともな宗教は理性に根ざしたものでなければならないとするハーバートの主張を認める傾向があり、教典には宗教的真実が書かれているという考えを否定している。となると、当然のことながら、そもそもなにをもって神の存在を示す証拠とするのかという疑問が提起される。しばしばその答えとされるのが、宇宙の秩序ある性質だ。フランスの偉大な理神論者ヴォルテールは、アイザック・ニュートンがみごとに解明した宇宙の秩序と規則性に、神の証しがあると主張している。

「神は人間を、理性をそなえた生物として作られたのだから、人間性の尊厳に従って行動するのが神の意志だと理性は告げている。それゆえ、そうすべきときは、理性が教えるにちがいない」

マシュー・ティンダル

理神論者は、宗教的な過激主義には断固として反対した。ヴォルテールは、当時のカトリック教会の目にあまる悪弊に対して、個人で反対運動を展開した。理神論者が節度を重んじるのは、理性を宗教的信仰の手段として提唱しているからだ。「自然宗教」というものが存在したら、すべての人がそれをよりどころとすることができ、排他性や不寛容の必要性は否定されるだろう。

理神論は今でも存在しているが、かなり不完全な形になっている。問題は、その主張の細部にあることが判明している。どの宗教的信条が理性に裏づけされているかについて、理神論者は意見を集約できなかった。また、宗教的信仰という普遍的要素が存在するという考え方は、歴史的・人類学的知識が増加するにつれて、反証を受けた。

ゴータマ・ブッダ
仏教の開祖

Gautama Buddha

生年
前563年頃、カピラヴァストゥ、ネパール

没年
前483年頃、クシナガラ、ネパール

仏教の開祖ゴータマ・ブッダによると、人生の特徴は苦しみだという。苦の概念には、身体的・精神的苦痛から、日常生活における落胆、倦怠感、満たされない願望や期待まで、広範囲のものがふくまれる。

これは、ブッダがブッダガヤの菩提樹の木の下で瞑想中に悟りを開いたときに認識した真理、四聖諦《ししょうたい》の最初にあげられている苦諦《くたい》というものだ。

四聖諦は、ちょうど病気の診察の段階のように設定されている。つまり、「苦諦」は診断であり、２番目の真理「集諦《しゅうたい》」は不調の原因を特定するものだ。ブッダは、苦の源は、無常のもの、すなわち物質、他人、自己などに対する執着だと説いている。われわれ人間はこの執着を、根源的な苦痛として体験する。

「それはまさに渇きであり、渇愛である。くりかえし襲ってきて、激しい欲望と結びつき、こちらへ、またあちらへと新たな喜びを求める…」

３番目の真理である「滅諦《めったい》」は、懸命に無常のものを求めるのを止めれば、苦しみを終わらせることができると教えている。４番目の真理「道諦《どうたい》」に、その要点が述べられ、八正道《はっしょうどう》でより詳細に説明されている（八正道は、正見、正思惟、正語、正業、正命、正精進、正念、正定からなる）。

おそらく、最高の生き方を教えるブッダの言葉のなかで、もっとも総括的なものは「中道」だろう。東洋の諸宗教は総じて、通常苦行と出家によってのみ悟りを開くことができると説いている。しかし、ブッダはこうした生活を６年間続けたのち、それがまちがいであることを認識した。それよりも、快楽への沈溺と厳しい精進のあいだにある中道を進む方が、はるかによい結果を生むと断言した。

仏教は現在アジア各地で主要な宗教となっているので、ゴータマ・ブッダの影響力と歴史的重要性については、あらためて述べるまでもないだろう。また、仏教は東洋の宗教のなかで、もっとも西洋人の心を引きつけるものだといっていいだろう。なぜかというと、仏教は合理的行動や明晰な思考を断念せよとも、日常の世界をすてよとも要求しないからである。

中道という概念に従った**ブッダ**は、多くの伝統的な瞑想法の特徴である無意識の状態、いわゆるトランス状態をさほど重視しなかった。それよりも、頭が冴えた状態で至福を体験する、ジャーナ（禅定）とよばれる瞑想状態を重んじた。

ヴァスバンドウ（世親）
唯識を提唱

Vasubandhu

生年
４世紀頃、ペシャワール、パキスタン

没年
５世紀頃

ヴァスバンドウは仏教の瑜伽行唯識学派《ゆがぎょうゆいしきがくは》の設立者のひとりであり、意識が唯一の現実であり、われわれが体験し、熟考し、概念化するものはすべて、心のなかにのみ存在するという、いささか衝撃的な思想を提唱した。この考え方によると、人間は個々の感情的特性、過去の体験、人間関係、記憶によって、世界をそれぞれ異なる形で体験するという。

この考え方に対する明らかな反対意見は、客観的現実主義ともよばれるもので、世界がわれわれの体験を決めるのであって、その逆ではないという考え方だ。たとえば、同じ場所を何度か訪れた場合、その外観は同じものなのだから、変わるはずがない。さらに、他人も同じ物を見、同じようにその場所を体験するだろう。もし外的現実が存在しないのなら、そういうことはありえないではないか。

ヴァスバンドウが『唯識二十論』（６世紀）で述べた答えはこういうものだ。われわれは夢のなかでも継続的に世界を体験している。ゆえに、思考の対象となる形あるものが存在しない場所でも、複数の人が同じ体験をすることはありうる。彼はこの結論への道筋を、２段階で説明している。まず、地獄は物質的実在というより、主観的実在である。その実体は物質的なものではありえない。なぜなら、もし物質的実体であるなら、地獄を歩きまわる番人は、地獄に堕ちた亡者をさいなむために、自身もひどい苦しみを味わうことになるからだ。次に、それでも地獄は、亡者たちによって同じように体験されている。彼らはみな同じ「膿の川」や「酸鼻をきわめた光景」を体験する。であるからして、最終的結論は、たとえ主観的実体しかない場所であっても、異なった人間が同じ体験をすることは可能だという。

ヴァスバンドウの意見は、疑問の余地のないものとはいえない。それでも、彼は唯識という概念を立証するため、次のような意見も述べている。

「（人々が）差異のない超俗界的知識を得ることによって悟りを開くと…それによって得られた曇りなき世俗的認識を体験することをとおして、こうした感覚的対象物の非存在を、真に理解するのである」

つまり、悟りを開いた人々は心の汚れがはらわれているので、外部の物質的世界が実在しないことを、直接理解するというのだ。

仏教徒の**ヴァスバンドウ**は、別の人間が同じ体験をすることは可能であると主張し、くもりなき意識の流れに接触する手段として、瞑想を奨励した。

シャンカラ

Sankara

ヒンドゥー教の再興をうながした

生年
788年、カラディ、インド

没年
820年、ケダルナート、インド

シャンカラは、ヒンドゥー教の歴史に重大な影響をあたえた。彼は一元論という思想を提唱した。それは、すべての存在の「聖なる根拠」はブラフマン（梵）であり、ブラフマンは不可分で、目覚めており、永遠で、不変で、無限である。アートマン（我）は、純粋意識として無条件の状態にあるときはブラフマンと同一であり、存在、意識、至福によってのみ特徴づけられるというものだ。

では、現象界、すなわち日常の世界はどうなのか。シャンカラは、ブラフマンと同じ意味において現実ではないが、純粋な幻想でもないと考えた。われわれはアビドヤ（無明）のせいで、対象をブラフマンに重ねあわせ、現象界のみせかけの多様性をつくり出している。ブラフマンとアートマンが同一であることを認識しないかぎり、われわれはこの無明の状態にとどまり、転生によって世俗的存在に束縛される。シャンカラは以下のように述べている。

「この束縛は、武器によっても、風によっても、火によっても、あらゆる行為によっても断ち切ることはできない。だが、洞察力から生み出され、神の恩寵によって研がれた知識という素晴らしい刀によってのみ、断ち切ることができる」

東洋哲学になじみのない人には、こうした思想はすべて不可解に思えるかもしれない。とりわけ、結局のところ不可分の唯一の現実しか存在しないとしたら、日常世界の性質とは、どのようなものなのかという疑問をもつだろう。シャンカラは、縄をヘビと見まちがえた旅人の話を考えてみるよううながして、この疑問を解きあかしている。このヘビは実在しない幻想であるが、実在する縄という現実にもとづく幻想である。われわれはそれが縄であると認識してはじめて、ヘビが実在しないことを知るのであり、それに気づくまでは、縄をヘビだと思いこんでいる。同じように、われわれは、ブラフマンとアートマンの真の性質を知ることによって解放されるまで、日常世界を現実と思いこんでいるしかないのだ。

では、どうすれば人はその知識に到達できるのか。『ブラフマ・スートラ注釈』（800年頃）のなかで、シャンカラは、ブラフマンの性質を探求するための、４つの前提条件を設定している。⑴永遠なるものと永遠ならざるものを見分ける能力。⑵行動の成果を喜ぶことの放棄。⑶自制や平穏な心といった美徳の育成。⑷やむにやまれぬ解放への欲求。彼はまた、この知識の探求は、宗教の本質的なつとめだと考えていた。

仏教やジャイナ教への関心の高まりに直面して、**シャンカラ**はヒンドゥー教の再興という責任をになった。彼が設立した4つの僧院は、現在もヒンドゥー教の思想と修業の重要な拠点となっている。

道元 Dogen
曹洞宗の開祖

禅宗の一派、曹洞宗誕生の中心人物である道元によると、仏教の本質はその修行にあるという。道元は、「本覚」という概念には矛盾があるように思え、悩みぬいたあげく、この見解に到達した。本覚とは、人間は生まれながらに仏性をそなえているという概念だ。しかし、それが事実なら、仏教徒の修行になんの意味があるのか。

道元の答えは、修行と悟りは一つであるというものだ。悟りを得るために、瞑想、読経、儀式といった修行が必要なのではない。そうではなく、修行のなかに、悟りがあるのだ。道元はより具体的な言葉で、特別な生き方と、座禅という瞑想の修行の重要性を強調している。特別な生き方に対する道元の指示はシンプルだ。

「もろもろの悪をつくらず、生死に著するところなく、一切衆生のために、あわれみふかくして…ねがふ心なくて…これを佛と名づく。又ほかにたづぬることなかれ」
（もろもろの悪事をなさぬこと、生死に執着する心のないこと、そして、ただ生きとし生けるものに対してあわれみを深くし…またねがう心もなく…それを仏と名づけるのである。そして、そのほかに仏をもとめてはならない。）

［『正法眼蔵（八）』（増谷文雄訳注）］

しかしながら、座禅の思想はより複雑だ。基本的に座禅とは、身も心も手放し、足を組んで座る瞑想法である。座禅の最中には、修行と悟りのあいだにギャップはない。座禅とは、特定の目標に向かう行動ではなく、むしろそれ自体が目標なのである。道元はこう説明している。「座禅とは善や悪を考えるものではない。意識を働かせるものではない…仏になろうと願ってはならない」

重要なことは、道元の仏法には、努力と献身の継続が必要だということだ。悟りとは、ある体験の結果として得られるものではなく、座禅の修行をふくめた生き方そのものなのである。道元が仏僧に課した具体的な要求は、厳しいものだった。物質的な豊かさや名声への願望はいっさい放棄すること、僧院の外の世界を歩きまわってはならない、身につけるのは質素な衣のみにすることなどである。

道元の影響は、今日までおよんでいる。1253年に道元が亡くなると、瑩山紹瑾《けいざんじょうきん》が教えを受け継ぎ、多くの人に広め、仏教の伝統における曹洞宗の地位を確固たるものにした。今日の日本において、曹洞宗は禅宗の二大宗派のひとつである。

生年
1200年、京都、日本

没年
1253年、京都、日本

道元は、人が仏性を悟るのに、性別、地位、知性による障壁は存在しないと考えた。歴史上実在した仏陀釈尊も、生きとし生けるものはこの点において平等であることを強調している。

ラーマクリシュナ
あらゆる宗教が崇拝する神はひとつであると主張

Ramakrishna

生年
1836年、フーグリー、インド

没年
1886年、カルカッタ、インド

ラーマクリシュナはヒンドゥー教の歴史上もっとも重要な人物のひとりだが、シャンカラのような哲学的重鎮と比べると、その名声は、宗教観の詳細や高度な知識に対するものというよりは、人生を黙想や神との交信に捧げることで教義を得たという事実にもとづいており、聖人の模範として人々を鼓舞している。

ラーマクリシュナの最初の至高体験について考えることによって、その黙想がどんなものであったかの一端を知ることができる。1856年に兄を亡くした直後から、ラーマクリシュナはヒンドゥー教の母なる女神カーリーに、お姿を見せてくださいと願いつつ祈りを捧げはじめた。だが、相当な期間祈っても姿を現してくれない女神にいらだち、絶望におちいった彼は、こう女神に懇願した。「母なる女神よ、あなたは慈悲深くも、これまで多くの信者の前にお姿を現されました。なぜわたしには現してくださらないのですか。わたしもあなたの息子ではないのでしょうか」伝承によると、ラーマクリシュナが自殺をはかろうとしたとき、はじめてカーリー神は光の波のなかに姿を現し、彼に平安と神聖な至福の体験をもたらしたという。

この体験によって、ラーマクリシュナはもっとも重要な洞察へと導かれた。その後彼は、ヒンドゥー教以外のいくつもの偉大な世界的宗教の秘儀の修行に没頭したが、どの宗教の場合も、同じ絶対神（ブラフマン）と接触するにいたった。そして、あらゆる宗教は、唯一の統一神の異なった面を明らかにしているにすぎないと結論をくだした。数々の宗教は多様性をもつが、そのなかには統一体とでもいうべきものが存在する。それゆえ、人間の主要課題は、どの宗教を信仰しようと、神を実感することなのだ。それは簡単になしとげられることではない。人間は、肉体としての存在からくる誘惑を断ち切らねばならない。官能的快楽、貪欲、残忍性といった悪徳は、人を俗世にしばりつけ、神の意識を黙想し、恍惚とした献身の状態を達成するのをはばむ。

ラーマクリシュナの名声はなみなみならぬものだ。しかしながら、その名声は、彼自身の能力や業績と同じくらい、スワミ・ヴィヴェーカーナンダーをはじめとする弟子たちの業績によるものだとする議論もある。ヴィヴェーカーナンダーは、ラーマクリシュナの賛同を得て、1886年にラーマクリシュナ僧院を創立した。それでもなお、ラーマクリシュナの信奉者の多くは、彼を神の化身と信じている。

ラーマクリシュナは、人は善行によって世界をよりよいものにし、神に近づくことができるという考えを否定した。そして、重要なのは、ひとりひとりの魂が神の意識に近づくことだけだと説いた。

マハトマ・ガンジー
非暴力の哲学を信奉

Mahatma Gandhi

生年
1869年、ポルバンダル、インド

没年
1948年、デリー、インド

マハトマ・ガンジーは、20世紀においてもっとも敬愛され、影響力をもった指導者のひとりである。ガンジーの非暴力（アヒムサ）の哲学は、あらゆる人間には、その行動がどれほど非難されるべきものであろうと、魂があるという信念にもとづいていた。

これは、どんなときも相手の人間性や仲間意識に訴えることによって、その行動や考え方を変えるよう説得できる可能性があるということだ。したがって、ほとんど例外なく、暴力は不要なのである。

さらに、暴力の影響はどこまでも続き、くつがえすことが困難だ。それゆえに、暴力を正当化するためには、暴力をふるうにいたった立場に正義があり、それによって望ましい結果が得られることは100パーセントまちがいないと確信できなければならない。しかしながら、人間とは誤りを犯す存在なので、こうした確信はあてにはできず、ゆえに暴力を適切な行動と認めるわけにはいかないのだ。

ガンジーは、人間は絶望的な状況に直面すると、ときには暴力に頼ってしまうことを重々承知していた。とはいえ、その場合でも、手段と結果を切り離すことはできないというのがガンジーの考えだ。よい結果を得るためによからぬ手段を用いたなら、その不道徳性のために結果が傷つき、歪んだものになってしまうことは避けられない。

では、もし暴力が紛争を解決する手段でも、はなはだしい不正を終結させる方法でもないとしたら、代わりにその役目を果たすのはなんだろう。ガンジーは卓越した答えを残している。それは、人は自分の苦悩をとおして、敵対者の根本的な人間性を目覚めさせる努力をしなければならないというものだ。

「なにかきわめて重要なことをなしとげたいと思うなら、理性を満足させるだけでなく、心をも動かさなければならない。理性は頭に訴えるが、心にしみ入るものは、苦悩から生まれる。苦悩は、人の内面的な理解の扉を開く。苦悩は剣ではなく、人間であることの印なのである」

この考えが、彼の非暴力の政治的抗議への献身を支えていた。非暴力は、インドにおいてガンジーが例示したように、社会的・政治的変化を起こすための、きわめて強力な手法となりうる。1948年にガンジーが暗殺されると、のちにインド首相となるジャワハルラー・ネルーはこう宣言した。「わたしたちの人生から光が消え、あたりは暗闇に包まれている」

ガンジーは、無抵抗・非暴力の抗議によって、大きな政治的変化をなしとげることは可能であると示すことにより、マーティン・ルーサー・キング、アルバート・ルツーリ、エルデル・カマラら、次世代の政治的指導者を啓発した。

650BCE

625BCE

老子　『老子道徳経』（前600年頃）

600BCE

575BCE

550BCE

ザラスシュトラ、ゾロアスター教を創始（前6世紀）

525BCE

500BCE

マハーヴィーラ、ジャイナ教を普及（前5世紀）

孔子、儒教を創始（前5世紀）

475BCE

1450

グル・ナーナク・デヴ、シーク教の成立を宣言（1499年）

1500

1550

1600

1650

ゴービンド・シング、カールサを設立（1699年）

1700

第**5**章

その他の宗教

本章でとりあげる宗教家たちは、簡単にひとくくりにはできない。古代中国の偉大な聖人である孔子は、人生哲学と生きる道を説いた儒教を創始し、今日にいたるまで、儒教は中国文化に不可欠なものとなっている。老子は道教の開祖といわれ、道教は儒教と同様に、今も中国文化に多大な影響をあたえつづけている。ザラスシュトラは、かつては傑出した世界宗教のひとつだったゾロアスター教の開祖である。

ペイガニズム（異教信仰）

「ペイガン（異教徒）」という言葉は、もともと古代ローマのキリスト教徒が、さらに古い時代の多神教信者をよんだものだ。中世になると、その意味は拡大されて、アブラハムの宗教以外のすべての宗教への信仰をふくむようになった。そのため、ペイガニズムというと、正統な宗教から逸脱したものを連想する。

その結果、この言葉は否定的な意味あいをもつようになり、すくなくとも最近までは、この呼称が抵抗なく受け入れられることはほとんどなかった。しかしながら、ここ50年ほどのあいだに、ペイガニズムという言葉は、聖なる自然への崇拝に根ざした宗教的・霊的な観念をさすようになり、より肯定的な意味を獲得した。

おそらく、この種のペイガニズムの、初期におけるもっとも興味深い例は、約2000年前にケルト人社会で栄えたドルイド教だろう。ドルイドとはドルイド教の祭司をさす言葉で、彼らは多神教信者で、太陽、月、星、川、湖、オークの木、ヤドリギ、丘の頂上といったさまざまな自然の様相を崇拝した。ドルイドについて現在わかっていることの大部分は、ユリウス・カエサルの『ガリア戦記』による。カエサルはドルイドについて、「宗教的祭祀をつかさどり、当然の行為とされていたいけにえの儀式を公的にも私的にも執行し、儀式にかんする疑問に答える…その主要な教義とは、魂は不滅であるが、死後は別人へと受け継がれていくというものだ」と記している。

考古学的証拠から、ドルイド教徒は石のモニュメントを建造し、ケルト暦の新年を祝う祭などで、祭壇や寺院として使ったと推定されている。

ドルイド教の祭祀の多くは、２世紀にキリスト教が出現すると、ケルト人社会から姿を消した。しかしながら、18世紀ロマン主義の出現によってドルイド教への関心がよび起こされ、20世紀になって、復興異教主義《ネオペイガニズム》の台頭とともに復興した。

「キリスト教といくつかの古代からの異教のあいだには、表面的な類似点は存在する。しかし慎重な研究の結果、はるかに多くの相違点が存在することが判明している」

カール・オルソン

ネオペイガニズムの運動は多種多様におよび、簡単には解説できない。とはいっても、その特徴は、もとのドルイド教と同様、自然への畏敬の念と、季節の変わり目に儀式を行うことだ。たとえば、ネオペイガニズムの一派であるウィッカ（魔女崇拝）は、毎年２月の初めに「火祭」の一種である「イモルグ（聖燭祭）」を行う。イモルグという言葉にはさまざまな意味があるが、すべては再生という概念に関連している。この祭りも、ろうそくをともし、家々の暖炉で薪を燃やして春の訪れを祝う。

ペイガニズムの現状を把握することは困難だ。公認された定義もなく、ペイガニズムにかんする正式な制度的構造も明らかではない。アメリカ合衆国における最近の調査によると、約14万人がペイガン、約13万4000人がウィッカン、約３万3000人がドルイド教徒を自称している。つまり、約30万人が、この言葉が一般に西洋で理解されている意味において、自分はネオペイガンだと認識していることになる。

しかしながら、おそらくこれでは、なんらかの意味においてペイガニズムと重なる宗教信仰の範囲を過小評価することになるだろう。たとえば、多くの土着宗教は、神聖なる自然というペイガンの概念を共有しているし、ニューエイジ運動に代表されるスピリチュアルな探求の大部分も、その性格上ペイガニズムといってよいだろう。

老子
道教の創始者とされる

Lao Tzu

生年
前6世紀

没年
前6世紀

老子は矛盾に満ちた人物だ。そもそも実在しなかった可能性さえある。実在していたとしても、東洋のもっとも重要な教典である『老子道徳経』(前600年頃)を、約2000年間その著者とされてきたにもかかわらず、書かなかった可能性もある。この書物に示された彼の教義——ほんとうに老子の教義だとして——もまた、矛盾に満ちている。

『老子道徳経』の大部分は、正しい指導者のあり方にかんするものだ。老子は、政治的目的を達成する最善の方法は、身体的な力の行使ではないと論じている。仰々しい統治様式を拒否し、支配者は臣下を支配しようとするのではなく、人々の気持ちを自分のことのように考え、それと調和し、必要ならば自分の考えを隠すべきである。また、支配者はできるかぎり融和的であるべきだとも言っている。

「弱《じゃく》の強《きょう》に勝ち、柔《じゅう》の剛《ごう》に勝つ」
(弱いものが強いものに勝ち、柔らかいものが剛《かた》いものに勝つ)

[『老子』(蜂屋邦夫訳注)]

指導者についての老子の考えは、彼の総体的な生き方を示している。老子は彼の総括的概念である「道(Tao)」を反映した静寂主義を提唱した。道という言葉には、異なってはいるが、関連しているふたつの意味がある。儒教の考えでは、道とは人間の正しい行動への正しい方法を意味するが、道教においてはその概念は拡大され、道とは宇宙の根源的現実、万物の源をさす。しかしながら、道という概念が示すものは、『老子道徳経』の冒頭に述べられているように、人間が言葉で表現できる限界を超えており、想像することすらできない。

「道の道とす可《べき》は、常《つね》の道に非《あら》ず。
名の名とす可《べき》は、常の名に非《あら》ず」
(これが道ですと示せるような道は、恒常の道ではない。これが名ですと示せるような名は、恒常の名ではない)

[『老子』(同上)]

道とはどんなものであるかを述べることができず、想像することさえできないなら、それは空虚な概念ではないかと思える。しかしながら、道教の中心的教義は、ある種の生き方をすることにより、直観的に道を理解できるというものだ。それには、執着を離れ、無為に徹することが必要になる。この思想が、老子の指導者についての考え方に通じているのは明らかだ。宇宙はそのさまざまな構成要素に、調和して機能するようまかせている。それゆえ、指導者は、可能な場合はつねに「無為」を選択すべきだという。

老子についての情報は、神話と伝承がまざりあったものだ。しかしながら、『老子道徳経』の著者と考えられる老子は、中国の三大宗教のひとつ、道教の唱道者としてたたえられてしかるべきである。

ザラスシュトラ
ゾロアスター教の開祖

Zarathustra

生年
前628年頃、ラゲス、イラン

没年
前551年頃、バルフ、アフガニスタン

ゾロアスター教はよく知られた宗教とはいえず、信者の数も多くない。いまも残るゾロアスター教徒は、世界でわずか15万人ほどと推定され、そのほとんどはインドとイランに居住している。とはいえ、ゾロアスター教は、現存する最古の一神教信仰体系の例として注目すべきもので、その後の唯一神思想に影響をあたえた。

ゾロアスター教の開祖であるザラスシュトラについては、ほとんどなにも知られていない。伝承では彼の生存期間はもっとしぼられているが、だいたい前1900年から前600年頃、現在のアフガニスタンにあたるバクトリアに住んでいたとされている。彼の人生は、アフラ・マズダー神が彼の前に姿を現したときに一変した。この体験の結果、ザラスシュトラは、天地の創造主アフラ・マズダーはほかのなにものかに創造されたのではない至上神であり、唯一崇拝すべき神であると、一神論を説くようになった。

ゾロアスター教の特徴の多くは、アフラ・マズダーの天地創造の行為のなかにみられる。この宗教の教典によると、アフラ・マズダーは天地創造に際して、偉大なふたつの霊を創造し、それぞれに善の道と悪の道を選択する自由をあたえた。ひとつは善を、もうひとつは悪を選び、正義と善の国と、虚偽の国というふたつの偉大な王国を作った。

ザラスシュトラによると、人生とは、善（あるいは「真実」）と悪（あるいは「虚偽」）の二元的な闘争である。人はアフラ・マズダーの道とアフリマン（アフラ・マズダーの邪悪な対抗神）の道のどちらでも自由に選択できる。もしアフラ・マズダーの道を選んだなら、善の悪に対する不可避の勝利が加速するだろう。とはいえ、この選択の自由をあたえられたことで、われわれは運命に対する責任を負うことになった。われわれは最後の審判においてひとりずつよびだされ、人生をどのように生きたかを説明しなければならない。それによって来世でご褒美を受けるか罰を受けるかが決まる、そうザラスシュトラは説いている（この考え方には、あきらかにキリスト教の天国と地獄の概念との類似性が感じられる）。

善と悪の闘争というザラスシュトラの概念は、ニーチェの有名な著書『ツァラトゥストラはかく語りき』（1885年）で近代的に扱われた。だが、ニーチェのザラスシュトラの人物描写は、善悪に対する伝統的な、倫理観にもとづく理解をくつがえした点で傑出している。

ザラスシュトラが提示した善と悪の闘争という概念は、ユダヤ教とキリスト教の伝統における、同様の思想の出現に影響をあたえた。プラトンやアリストテレスといったギリシアの思想家が、ザラスシュトラの教義を知っていた証拠も存在する。

マハーヴィーラ

Mahavira

ジャイナ教を普及させた

マハーヴィーラは、ジャイナ教最後の偉大なティールタンカラ（悟りを開いた祖師）である。ジャイナ教徒最後の預言者であり、ジャイナ教を現在の形にした人物とされている。

マハーヴィーラは、シッダールタ王とトゥリシャラー王妃の息子として特権階級に生まれ、30歳のときに俗世の物質的な虚飾をすて、徹底した禁欲生活をはじめた。衣服も、家も、常の食事もなく、毎日を断食と瞑想に明けくれた。ジャイナ教として体系化される信仰は、基本的にこの生活様式から形成された。

マハーヴィーラのジャイナ教の核心にあるのは、世俗的存在にかかわるあらゆる欲望と行動を断つことにより、完璧な悟りの状態（大悟《ケバル・ジナ》）にいたることができるという信条だ。人間はこの方法によってのみ、魂を現世にしばりつけている「カルマの原子」の破壊（すなわち涅槃《ニルヴァーナ》）——解脱《モークシャ》への前提条件——を達成できるという。

マハーヴィーラは、解脱を求める信者に対し、5つの誓約からなる行動規範を説いた。おそらくもっとも興味深いのは、殺生の禁止（アヒンサー）だろう。これは23代ティールタンカラのパールシュヴァの教えにならったもので、ほかの生き物を傷つけると、霊魂《ジーヴァ》の進歩がさまたげられるという信条である。そのため、生き物を傷つけないよう、厳格な対策を講じる必要がある。たとえば、ジャイナ教徒は誤って生き物を飲みこまないように、布で口をおおい、日没後は食事をしない。歩くときも虫をふみつけないよう、きわめて慎重に足を運ぶ。また、相手の心を傷つけないよう、言葉や行動にも細心の注意をはらう。

ある意味ジャイナ教は、きわめて倫理観の高い宗教といえる。信者は厳格な道徳律に従って生きることを求められる。とはいえ、マハーヴィーラが実践したように、ジャイナ教は基本的には個人的な霊的探求であり、それゆえ俗世間の関心事からは隔絶している。たとえば、イスラム教やシーク教では喜捨を奨励するが、ジャイナ教にはこのような教えは存在しない。それでも、おそらくアヒンサーという概念——これは完全に倫理的なものだが——は、ジャイナ教の不朽の遺産といってよいだろう。

生年
前599年頃、クンダプラ、インド

没年
前527年頃、パーワープリー、インド

マハーヴィーラは物欲を断ち、どれほど小さな生き物であっても、傷つけてはならないと説くことによって、ジャイナ教を形成した。

孔子
儒教思想の始祖

Confucius

孔子を宗教的人物とみなすことが適切かどうかについては、議論があるところだ。孔子廟は存在し、孔子をしのんで式典や儀式が行われるが、孔子自身は神格化を望んでいなかった。また、神や超自然現象にもほとんど言及していない。孔子が創始した儒教は、2000年以上にわたり、中国人の人生の指針となっている。

孔子が生き、活動した時代は、社会不安と政治的混乱の時代だった。周王朝の古代封建制度が崩壊した後で、封建領主の戦いがくりかえされ、それは政情不安だけでなく、道徳の退廃をももたらした。孔子の教えは、この状況を好転させようとする試みだった。

孔子の教えは、多くの近代宗教や社会思想のように体系だったものではなく、解釈もいくとおりもなされている。それでも、いくつか主要なテーマは特定できる。おそらくもっとも重要なテーマは、人間性の育成にかんするものだろう。日常の人間関係（とくに家族を背景とした人間関係）において最高の人間性が育まれたなら、社会秩序はおのずと整っていくと孔子は信じていた。その核となる道徳観念は「仁」である。これは、おおまかにいうと、忠誠と相互尊重を重んじる人間関係において、人は完全な人格をもつようになるという観念だ。

この点にかんしてもっとも重要なのは、私的な領域で育まれた美徳が、公的な領域に影響をおよぼすということだ。であるなら、個人的な人間関係で育まれた善行が、政治的・社会的安定につながるという意味において、個人は政治的存在であるというのが孔子の信念だった。これと関連するのが、「正《ただ》す」という概念で、施政者が行いを正して道徳的に生きたなら、臣下によき模範を示すことができるというものだ。これが適切な儀式、先祖の知恵に対する尊敬、それに音楽や詩歌の力への認識と結びついたなら、相互尊重と平和的安定を基盤にした社会を構築することができるはずだ。

孔子の教えの重要性は、どれほど誇張してもしすぎることはない。孔子の教えは、これまでも、そして今も、中国人の文化的生活を育む源でありつづけている。

生年
前551年、山東省曲阜、中国

没年
前479年、山東省、中国

孔子の影響は、東アジア全体におよんでいる。東アジアにおいて、儒教はおそらくもっとも重要な社会的・文化的・宗教的価値基準であり、10億人以上の人々の人生を育んでいる。

グル・ナーナク・デヴ
シーク教の開祖

Guru Nanak Dev

生年
1469年、タールワンディ（現ラホール近郊）、パキスタン

没年
1539年、カタルプル、インド

1499年、グル・ナーナク・デヴはシーク教の成立を、「ヒンドゥー教徒でも、イスラム教徒でもない（There is no Hindu, there is no Muslim）」という８つの単語で伝えた。彼は世界の主要な宗教のなかでもっとも若い開祖として歴史に名を残しているが、彼の名声は、この歴史的偶発性によるものではなく、人間の友愛の精神に訴えたその知恵によるものである。

ナーナクのシーク教は、ヒンドゥー教ともイスラム教ともきっぱりたもとを分かっていると考えるのはまちがいだろう。両宗教からインスピレーションを受けているからだ。とくに、ナーナクは救済について、誕生と転生という俗世のサイクルからの脱出として理解すべきだと考えたが、これはあきらかにヒンドゥー教の輪廻の思想を先例としている。さらに、瞑想が宗教的思考に主要な役割を果たしているのは、ヒンドゥー教やイスラム神秘主義と類似性がある。

伝承によると、 ナーナクは４度の長い旅でアジアをめぐり、シーク教の教義を説いたとされるが、その教義は多くの実践や信条からなる。もっとも重要なものは、信者は神との神聖な結合を得ることをめざして、瞑想に励まねばならないというものだろう。ナーナクは公式な儀式、偶像、寺院など、多くの宗教がもつ信仰の外面的装飾を蔑視した。そして、瞑想中はひたすら内面を見つめ、神聖な神の名（ワヒグル）をくりかえし唱えるよう主張した。

この神の名は、不可分で唯一の、全能の存在をさす。ナーナクは、シーク教の聖典グル・グラント・サーヒブにおさめられた詩のなかで、神をこのように描写している。

「神は至高の真実である。創造主である神には、おそれも憎しみもない。神は全能で、宇宙に遍在する。神は生まれず、死して転生することもない。その恩寵により、汝は神を崇拝する」

それゆえに瞑想は、人間が神と合体し、世俗的存在のあかしである輪廻転生の無限のサイクルを断ち切るための手法なのである。ほかの神秘的伝統とは異なり、ナーナクは、俗世をすてなければ救済は得られないとは教えなかった。それどころか、純粋な精神には救済の余地があると考えてはいたが、家族、無私の精勤、人類の向上に貢献する施しの重要性を強調した。ナーナクの教義は、15世紀に確立されたことを思えば、多くの意味において、きわめて進歩的なものといえる。

ナーナクは、すべての人間は神の前に平等だと主張し、カーストによる差別や聖職者階級の権限を認めなかった。

ゴービンド・シング
シーク教の軍事体制を確立

Gobind Singh

生年
1666年、ビハール州パトナ、インド

没年
1708年、マハーラーシュトラ州ナーンデード、インド

人間としては最後のシーク教のグルとなったゴービンド・シングは、シーク教を変容させた。カールサとよばれる軍事結社を設立するとともに、シーク教の教典、グル・グラント・サーヒブの地位を確立したのだ。

伝承によると、アナントプルで行われたヴァイサーキー（収穫祭）で、ゴービンド・シングはシーク教徒の群衆に向かって、だれか自分の頭を差し出す者はいないかとたずねた。最終的に、ひとりの男が前へ進み出ると、彼はその男とともにテントのなかへ姿を消した。数分後、ゴービンド・シングは血にまみれた剣を手にふたたび姿を現し、さらに志願者をつのった。この一連の行動が４度くりかえされたのち、グルは生き返った５人の男とともに姿を現した。その後、５人は信仰に無私の献身をした印として、カールサへの入会が認められた。

真偽のほどは疑わしいが、この話からは、ゴービンド・シングがシーク教聖戦士に要求した献身のほどがうかがえる。彼はある詩のなかで、カールサをこう表現している。

「神の名を夜も昼もくりかえし唱える者、
神への愛と信頼に満ちた者、
神以外のものは一考だにしない者、
そのゆるぎない光は決して消えない…
その者こそカールサの真の一員と認められ、
その者の胸のなかには、完全なる神の光が輝く」

ゴービンド・シングは第10代の、そして最後のグルだった。彼は信心深いシーク教徒であれば、必要な導きは聖典のなかに見出すことができるという信念をもっていたので、ほかのだれでもない、この聖典こそが自分の後継者だと宣言した。これにより、シーク教は聖職者の階級が存在しない宗教となり、一時的にカールサが支配権をにぎることになった。この決定の影響は、今日でもあきらかに見てとれる。シーク教寺院においては、管理人の監視の下にではあるが、シーク教徒も非教徒も、グル・グラント・サーヒブを読むことができる。このことから、シーク教の普遍性と、平等を重視する姿勢をあらためて確認することができる。
ゴービンド・シングがシーク教の発展に重要な役割を果たしたことは、どれほど強調してもしすぎることはない。カールサの設立は、パンジャーブ地方のシーク教徒に軍事的な自信と能力をうえつけ、その運命を変えた。

ゴービンド・シングはカールサの団員を統率するための、正式な行動規範を制定した。そのなかには、信者は毎日神の名のもとに瞑想すること、収入の1割を宗教的目的に寄付すること、ひげを剃ったり髪を切ったりしてはならないことなどがある。

用語解説

イエズス会（The Jesuits）：1534年に対抗宗教改革に先だって創設された、カトリック教会の修道会で、聖書、ローマ教皇、カトリックの教義への服従を重視した。学校の設立、非キリスト教徒のカトリックへの改宗、プロテスタント主義の拡大の阻止に重点的に取り組んだ。

解放の神学（Liberation theology）：キリスト教神学と政治的能動主義を結びつけたもので、社会的正義と人権思想を提唱する。その時代の政治的・社会的状況を考慮したうえで宗教論を検証し、貧民や抑圧された人々の解放を試みる。とくにラテンアメリカの国々で影響力をもっている。

神の恩寵（Divine grace）：キリスト教神学では、人間を「堕落した存在」と考える。恩寵とは、人間の贖罪を可能にする、救済という人間にとって分不相応な神からの贈り物をさす。もっと大づかみにいうと、恩寵とは、神が人間に示される愛と慈悲のことである。

神の行為者性（Divine agency）：行動し、選択し、そして、おそらくこれがもっとも重要と思われるが、みずから創造した世界に介入する神の能力をさす。この問題をとりあげると、たちまち複雑な議論がひき起こされる。たとえば、もし神が完全なる善であるなら、どの程度までその行動は制約を受けるかというように。

カリフ（Caliph）：イスラム共同体の指導者に対する称号で、とくにムハンマド直系の後継者（正統カリフ）とされる４人をさす。カリフは宗教指導者ではあるが、イスラム教の真理はムハンマドとともに完成しているので、布教は行わない。

カールサ（Khalsa）：「純粋な」という意味をもつカールサは、グル・ゴービンド・シングがカールサ教団への入会を認めたシーク教徒に対して使った名称。彼らはつねに「５つのK」とよばれる信仰の印、すなわち「髪（Kesh）」「くし（Kanga）」「下着（Kaccha）」「腕輪（Kara）」「剣（Kirpan）」を携帯し、グルの教えに従って一生を送る。

クエーカー（The Quakers）：17世紀イギリスで、当時の宗教界の体制に対する不満から起こった運動。クエーカーは平和主義と、個人の信念と内面的啓示に従って生き、崇拝する自由を標榜《ひょうぼう》した。多くの分派があり、すべてに共通する中心的教義はほとんど存在しない。

苦行（Asceticism）：より崇高な精神性を獲得し、神とのつながりを強めるために、自己否定と世俗的欲望の節制を行う生き方をさす。

使徒（Apostle）：とくにキリスト教において、ある特別な概念を伝道する人のことで、具体的にはイエス・キリストに従った最初の12人の弟子をさす。彼らは福音を伝え、キリストのメッセージを広めるという命をおびていた。

ジハード（Jihad）：物議をかもすイスラム教の用語で、本来は「奮闘」という意味だが、精神的純粋さをめざす内面的苦闘、イスラム教のためにムスリム共同体を結集する努力、さらに、イスラム教を防衛、あるいは拡大するための「聖戦」など、さまざまな意味をもつ。

宗教改革（The Reformation）：16世紀に起こった、カトリック教会の改革をめざす運動で、その結果西ヨーロッパ各地にプロテスタントの信仰が広まった。さらに、今度はプロテスタントの拡大を阻止するために対抗宗教改革運動が起こり、カトリック教会の変革と構造改革が行われた。

ストア哲学（Stoicism）：古代ギリシアで起こった哲学の一派で、理性の重要性と、日常生活で感情、欲望、苦難に直面したときの自制を強調した。ストア哲学者は、４つの枢要徳、すなわち「知恵」「正義」「勇気」「節度」を重視した。

曹洞宗（Soto）：日本最大の禅宗の宗派。座禅では只管打坐《しかんたざ》に専念し、思考する心を超越することが要求される。

タナハ（Tanakh）：ヘブライ語聖書のことで、トーラー、ネイビーム、クトビームの３部で構成され、24巻からなる。

タルムード（Talmud）：ユダヤ教の規則、倫理、歴史にかんする解説書。第１部のミシュナとよばれる部分はユダヤ教の口伝の法を書き記したもので、第２部のゲマラには、ミシュナとタナハのさらに詳細な解説が掲載されている。

道教（Taoism）：道教は宗教でもあり、哲学の一派でもあるが、その違いを特定するのはむずかしい。核となる概念は道《タオ》である。道《タオ》は文字どおり「道」という意味だが、宗教と哲学の分野ではより複雑でこみ入った、抽象的な意味をもつようになった。

トーラー（The Torah）：ユダヤ教のもっとも重要な教典トーラーは、タナハの最初の５つの書、すなわち「創世記」「出エジプト記」「レビ記」「民数記」「申命記」からなり、ヘブライ語で書かれている。「トーラー」という言葉には「教え」「指示」という意味があり、ユダヤ教信仰の主要な指針とみなされている。

ハシディズム（Hasidic Judaism）：18世紀東ヨーロッパにおいて、学問に重点を置く当時の風潮に対抗するために生まれた、ユダヤ教の内面的信仰を尊重するグループ。

ハディース（Hadith）：ムハンマドの言行にかんする伝承で、イスラム教徒の生き方を決定するための重要な規範。

メソジスト主義（Methodism）：18世紀イギリスで起こったプロテスタントの運動で、宣教師の活動により世界に広まった。教会の活性化をめざし、聖書への秩序だったアプローチと、予定説ではなく信仰による救済に重点を置いた。

索引

＊項目になっている人名の項目ページはここにふくめていない。